#57 / SOMMER 2018

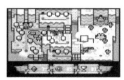

#57, Sommer 2018   www.lotek64.com   info@lotek64.com   ISSN 2307-7085

DIE REDAKTION

STEFAN
stefan_egger2000@
yahoo.de

GEORG
redaktion@
lotek64.com

CRUDLA
redaktion@
lotek64.com

ARNDT
adettke@
lotek64.com

MARLEEN
marleen@
lotek64.com

MARTIN
martinland@
lotek64.com

STEFFEN
steffen@
lotek64.com

JENS
jens@
lotek64.com

LARS
lars@
lotek64.com

IMPRESSUM

Herausgeber, Medieninhaber:
Georg Fuchs
Waltendorfer Hauptstr. 98
A-8042 Graz/Austria

E-Mail: info@lotek64.com
Internet: http://www.lotek64.com
Twitter: http://twitter.com/Lotek64
Facebook: http://www.facebook.com/
pages/Lotek64/164684576877985

Versionscheck (Stand: 22.07.2018)			
Name	**Version**	**Emuliert**	**Webseite**
WinUAE	4.0.1	Amiga	http://www.winuae.net
VICE	3.2	C64, C128, Plus/4, PET, C64DTV	http://vice-emu.sourceforge.net
CCS64	V3.9.2	C64	http://www.ccs64.com
Hoxs64	v1.0.9.9	C64	http://www.hoxs64.net
Emu64	4.30	C64	http://www.emu64.de
Frodo	4.1b	C64	http://frodo.cebix.net
MAME/MESS	0.199	Automaten und Heimcomputer	http://mamedev.org
Z64K	Beta 20180617	C64, C128, VIC20, Atari2600	http://www.z64k.com
Yape	1.1.6	Plus/4	http://yape.homeserver.hu
ScummVM	2.0.0	Div. Adventures	http://www.scummvm.org
DOSBox	0.74	MS-DOS	http://www.dosbox.com
Boxer	1.4.0	MS-DOS (unter Mac OS X)	http://boxerapp.com

Herstellung und Verlag: BoD - Books on Demand, Norderstedt ISBN 978-3-7481-3957-7

LIEBE LOTEKS!

Als 2002 die erste Ausgabe von Lotek64 erschien, standen alte Computerspiele nicht besonders hoch im Kurs. Das hat sich grundlegend geändert. Die Retrowelle überrollt ungebremst die Spielewelt, neben Neuauflagen alter Spiele verkaufen sich seit Jahren auch die Originale, auf zeitgemäßen Konsolen lauffähig gemacht, besser denn je. Daneben werden für Retro-Plattformen Spiele in höchster Qualität entwickelt. Davon profitiert auch der Commodore 64, für den Ende 2017 mit Sam's Journey, das wir in dieser Ausgabe ausführlich vorstellen, ein alles überragender Titel erschien.

Retro-Spiele sind so gefragt wie nie. Das birgt auch Gefahren. Der Ausverkauf, wie ihn einige Inhaber der Rechte an „historischen" Spielen schon seit langem betreiben, ist eine davon. Die rechtliche Grauzone, in der sich manche Retrogamer mangels legaler Möglichkeiten, an alte Software zu kommen, bewegen, soll nicht unerwähnt bleiben. Auch mit diesem Thema beschäftigen wir uns in diesem Heft. Wie immer gibt es neben Tim Schürmanns Chronologie auch Beiträge über Hardware und Musik.

Wir hoffen, mit der 57. Ausgabe von Lotek64 interessanten Lesestoff geliefert zu haben und wünschen euch allen einen erholsamen Sommer!

Georg Fuchs
für die Redaktion

INHALT

Commodore P500

Der bessere C64?

Commodore hatte schon 1982 den Traum vieler C64-Besitzer im Angebot: Der P500 bot doppelt so viel Speicher (128 kB), eine ergonomischere Tastatur mit Ziffernblock, ein eingebautes Netzteil, einen Reset-Schalter, besseres BASIC, und er nutzte die schnellen IEEE-Diskettenlaufwerke, die im Vergleich zur 1541 zudem oft noch eine größere Speicherkapazität aufwiesen. Sogar der Einsatz von Festplatten wie die Commodore 9060 und 9090 mit 5 bzw. 7,5 MB wäre möglich gewesen. Zumindest aber umging das Gerät das Problem der langsamen und oft verhassten Serial-Bus-Laufwerke, die viele Besitzer mit DolphinDOS oder anderen Erweiterungen beschleunigten.

von Stefan Egger

Die damals neue CBM-II-Serie sollte die erfolgreichen Vorgänger, die Bürocomputer der PET- und CBM-Reihe, ersetzen. Der P500, auch Teil der neuen Serie, sollte die Marktlücke zwischen den günstigen Heimcomputern wie VC20 und C64 und den neuen Bürocomputern, welche als sogenannte B-Modelle (B für Business; etwa B128-80) auf den Markt kamen, schließen.

Im Gegensatz zum weit verbreiteten Glauben, das P stehe für „Personal", war der P500 ursprünglich nicht als Heimcomputer gedacht. Den Absatzmarkt sah Commodore eher im professionellen Bereich (daher das „P") und für wissenschaftliche Anwendungen. Zielmarkt waren Architekten, Ingenieure, Designer oder auch Zahnärzte. Aufgrund seiner vielen Anschlüsse und der (theoretischen) Möglichkeit, per Software Daten auszuwerten und in Graphen darzustellen, wurde er als besonders geeignet zur Durchführung wissenschaftlicher Experimente beworben. Auch die Themen Netzwerk und E-Mail wurden damals bereits erwähnt.

Die Business-Modelle boten nur Schwarzweiß-Bildausgabe (dafür mit 80 Zeichen), sie waren doppelt so schnell getaktet (2 statt 1 MHz im P500), und es fehlten die Joystick-Ports. Der P500 dagegen erhielt denselben Videochip wie der C64, den VIC-II. Er konnte dadurch 16 Farben darstellen, besaß jedoch nur eine 40- statt 80-Zeichen-Darstellung. Im Vergleich zum C64 fehlten sowohl der TV-Modulator als auch der User-Port, dafür bot der P500 zwei Joystick-Anschlüsse, die den „Brüdern" der CBM-II-Serie fehlten. Außerdem war auch der SID 6581, der beste Soundchip der 8-Bit-Ära, auf der Platine verbaut – die Ähnlichkeiten mit dem C64 sind also nicht abzustreiten. Der P500 sollte mit 128 oder 256 kB RAM ausgeliefert werden – erweiterbar bis 896 kB.

Designer-Teil

Die CBM-II-Serie hat ein außergewöhnliches Design und unterscheidet sich dadurch von allen anderen Commodore-Computern deutlich. Sie erschien sowohl als Tastaturcomputer (P500 und B128-80, welcher in Europa als CBM 610 verkauft wurde) als auch als Einheit mit Monitor, ähnlich der ursprünglichen PET-Rechner, jedoch mit einer frei platzierbaren Tastatur. Die Gehäuseform dieses Modells, bei uns unter anderem als CBM 710 verkauft, wurde vom Industriedesigner Ira Velinsky kreiert und 1983 mit dem „iF product design award" ausgezeichnet.

Disk-BASIC 4.0

Version 4.0 des Commodore-BASIC erhielt unter anderem 15 neue Disketten-Befehle, wodurch es oft als „Disk-BASIC" bezeichnet wird. Vorbei die Zeiten, als man formatieren musste mittels OPEN/CLOSE-Befehlen – der vereinfachte Befehl HEADER übernahm dies. Auch die Befehle DIRECTORY, COPY, BACKUP, RENAME, SCRATCH usw. erlaubten den einfacheren Umgang mit Dateien auf Disketten. Die Funktionstasten waren schon mit den wichtigsten Befehlen vorbelegt. Eine Neubelegung war mit dem Befehl KEY möglich.

Müdes Scrolling

Der Kassettenanschluss, obwohl vorhanden, funktionierte bei den meisten P500 nicht. Der Code wurde bei späteren Versionen entfernt, da Commodore eine Erweiterung mit einer zweiten CPU (Intel 8088 oder Zilog Z80) plante und für diese Vorbereitungen den Kassettentreiber-Code opferte. Weitere Dinge, mit denen P500-Besitzer leben mussten, sind die für Commodore-Verhältnisse extrem lange Startdauer (acht Sekunden – der Speicher wird komplett geprüft) und auch das langsame Scrolling aufgrund der eingebauten Grafikroutinen, was speziell beim Listen von längeren BASIC-Programmen ins Gewicht fällt.

Der gescheiterte Traum

Viele der genannten Vorteile wurden dem P500 jedoch tatsächlich zum Verhängnis. Die tollen Funktionen und die bessere Verarbeitung trieben den Preis in die Höhe, und Heimanwender konnten von Festplatten oder professionellen CBM-Doppellaufwerken sowieso nur träumen. Auch die auf dem Papier tolle 6509-CPU (sie kann bis zu 1 MB RAM adressieren!) konnte in der Praxis nicht überzeugen: Sie war kompliziert zu programmieren und inkompatibel

```
*** commodore basic 128, v4.0 ***
ready.
█
```

```
hat lange gedauert,
bis du gemerkt hast,
dass ich ein dummer
hund bin.

█
```

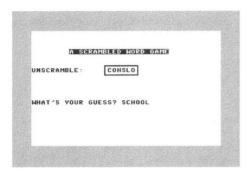
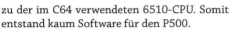

zu der im C64 verwendeten 6510-CPU. Somit entstand kaum Software für den P500.

Vom P500 kamen nur wenige Exemplare in Umlauf und er geriet durch den großen Erfolg des C64 schnell in Vergessenheit. Während PAL-Modelle nicht so selten zu sein scheinen, wurden NTSC-Exemplare aufgrund fehlender FCC-Tests wohl tatsächlich von Commodore zurückgerufen und sind daher weit seltener anzutreffen. Man schätzt aufgrund der Seriennummern, dass etwa 2000 Stück hergestellt wurden.

Meine Eindrücke

Ich habe das seltene Gerät angeboten bekommen und ohne Funktionstest erworben. Und bevor ihr fragt: Ja, die lange Startdauer beim Einschalten (es erscheint anfangs nur der Rahmen, jedoch keine Startmeldung) war unerwartet für einen Commodore-Computer und bereitete mir im ersten Moment Sorgen. Schließlich erschien aber die Meldung und der Cursor blinkte. Die lange Startdauer und auch das langsame Scrolling sind sehr gewöhnungsbedürftig und stören mich bei der Verwendung des P500.

Auch die Tastatur kann (mich) nicht vollständig überzeugen: Zwar ist sie niedriger gebaut als beim C64 und damit angenehmer zu bedienen, die Anordnung der Tasten ist jedoch ziemlich unkonventionell, um es gelinde aus-

zudrücken. Als Beispiel seien die oft benötigten Anführungszeichen genannt, welche über Shift-Komma erreicht werden müssen (statt Shift-2). Die RUN/STOP-Taste ist rechts oben, die Cursor-Tasten – wie später beim C128 auch – in einer Reihe neben den F-Tasten. All dies macht – wenn man den C64 oder andere „normale" Tastaturlayouts gewohnt ist – die Bedienung mühsam. Auch startet der P500 im Gegensatz zum C64 im Kleinbuchstabenmodus – lädt man dann BASIC-Programme, so werden statt der PETSCII-Characters scheinbar „falsche" Zeichen verwendet. Man muss also zuvor umschalten, was über die Taste NORM GRAPH funktioniert (statt über Shift-Commodore).

Wir haben ein Problem

Software. Wir haben keine Software. Da die Datassette – wie beschrieben – nicht funktioniert und ich auch keine Datenübertragungsmöglichkeit zu IEEE-Laufwerken habe (ich besitze auch nur eine 8050), waren die Tests vorerst beendet. Zum Glück bekam ich ein PETdisk, einen SD-Kartenadapter für den IEEE-Port, zugesandt. Dieses Gerät ist eher vergleichbar mit einem SD2IEC als mit einer 1541U – es dient zwar als Speichermedium, bietet jedoch keine Emulation der komplexen Commodore-Laufwerke. Programme, die während ihrer Ausführung noch weitere Daten laden und auf

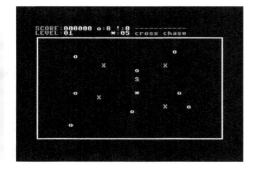

```
SCORE:000000 o:8 !:0 ------------
LEVEL:01        *:05 cross chase
```

$$E = 5 * \pi + 37.2$$
$$E = 5 * \pi + C \uparrow 3$$
$$E = \pi / C + M * 3.2$$
$$E = \pi * C \uparrow 3$$
$$E = M * C \uparrow 2 + \ldots$$

Phew!....I wish I had
a Commodore 500 !!

die Diskette zugreifen, funktionieren damit nicht. Genau dieser Einschränkung ist es wohl zu verdanken, dass ausgerechnet das einzige vorhandene Stück P500-Software mit dem PETdisk nicht funktioniert. Das von Commodore geschriebene Demo soll die Funktionen des P500 vorstellen, lädt jedoch die einzelnen Demo-Bestandteile von Diskette.

Ich versuchte anschließend, einfache BASIC-Spiele (v.a. vom PET 2001) zum Laufen zu bekommen. Doch die meisten werden nicht ausgeführt oder stürzen ab. Da ich leider kein Computerhacker bin (man kann bestimmt viele bzw. alle dieser Programme mit vertretbarem Aufwand anpassen) fand ich schließlich nur drei „Spiele", die liefen. „TicTacToe" lief, die Grafik war durch den Kleinbuchstabenmodus jedoch zerstört. Bei „Scrambled Words" muss man ein Wort, dessen Buchstaben durcheinanderkamen, herausfinden. Das letzte, „VIC", ist eigentlich kein Spiel, sondern eine Art Chat, welcher auf die Eingaben des Benutzers reagiert und automatisch generierte Antworten zurückgibt. Dies kann bei der richtigen Eingabestrategie aber durchaus Spaß bereiten.

PEEKS und POKES

Ich versuchte dann, die Spiele etwas an den P500 anzupassen. Dazu beendete ich den Kleinbuchstabenmodus, wodurch die Grafiken korrekt angezeigt wurden. Außerdem sind die C64-POKEs für Hintergrund- und Rahmenfarbe anders, was man ebenfalls leicht ausbessern kann. Eine Liste der Speicherbereiche des Videochips (in Bank 15) ist in den Links zu finden. So lautet etwa der POKE, um am C64 die Rahmenfarbe zu ändern, 53280 – am P500 muss man hier jedoch 55328 ansprechen. Somit sind selbst einfachste Programme zunächst inkompatibel.

Geht nicht, gibt's nicht

Schwer zu glauben, dass es noch eine Plattform des erfolgreichsten Heimcomputerherstellers aller Zeiten gibt, auf dem noch nie Space Invaders oder Pacman über den Bildschirm flimmerte. Gibt es wirklich nichts außer TicTacToe?

Zuerst wandte ich mich an einen echten Experten. Wenn sich jemand mit CBM-II auskennt, dann ist es Christian Krenner. Sein Spiel „Space Chase" läuft auf den Bürocomputern der CBM-II-Serie und er kennt die Programmierung der 6509-CPU. Dieser schnelle 2-Player-Shooter, geschrieben in Assembler, ist wohl eines der coolsten CBM-II-Spiele – vermutlich sogar DAS coolste Spiel! Für alle Besitzer eines solchen Gerätes auf jeden Fall einen Blick wert.

Christian wies mich auf „Cross Chase" hin, ein Spiel von Fabrizio Caruso. Im Spiel kommen mehrere Angreifer auf einen zu und man versucht, diese in Minen zu lotsen. Klingt einfacher, als es ist. Geboten werden Joystick-Steuerung, mehrere Levels sowie Upgrades, etwa eine Pistole.

Ziel des Cross-Chase-Projektes ist es, ein witziges, aber universal portierbares Spiel für möglichst viele 8-Bit-Plattformen zu erschaffen. Unterstützt werden sogar Taschenrechner, aber vor allem Computer, welche auf Motorola 6809, MOS 6502, Zilog Z80 und Varianten dieser CPUs aufbauen. Schon alleine die Liste der etwa 60 unterstützten Geräte ist beeindruckend. Von Standard-Geräten wie C64, C128 (Version für 8502 und Z80!) und Apple 2 bis hin zu Tatung Einstein, dem schwedischen Dataindustrier ABC 80, Jupiter Ace, Robotron, Sord M5, Sam Coupe und Sharp X1 wird so ziemlich alles Erdenkliche abgedeckt. Dies ist möglich dank adaptiver, sich an das System anpassender Funktionen: Hat das System keinen Sound oder keine Grafik, wird dies weggelassen und auf einfache ASCII-Zeichen zurückgegriffen. Sind Sound und farbige Grafik verfügbar, so werden diese auch verwendet.

Und tatsächlich: Es gibt eine P500-Version von Cross Chase! Auch wenn diese nun nicht spezifisch für P500 geschrieben wurde, so ist es doch ein schönes Stück Software, mit dem man den P500 vorzeigen kann. Leider werden – entgegen der Idee – beim P500-Spiel weder Sound noch Grafik unterstützt, obwohl dies

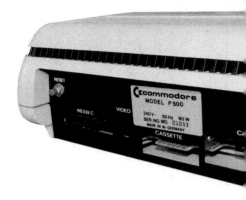

beim C64-Spiel der Fall ist und in beiden Computern die gleichen Chips verbaut wurden. Auch muss man aufpassen, auf der Webseite die richtige Version auszuwählen, da es anscheinend im Laufe der Zeit große Unterschiede gab (einige Versionen füllen nur Teile des Bildschirms). Die neuste Version scheint auch nicht unbedingt die beste zu sein. Ein interessantes Projekt und Konzept – mit Luft nach oben. Fabrizio hat mir versprochen, sich dieser Probleme anzunehmen und wird sein Projekt zukünftig noch verbessern und erweitern.

To buy or not to buy?

Der P500 ist nur etwas für Sammler. Obwohl er als selten eingestuft wird, muss man doch festhalten, dass es sich um eine Kleinserie handelt. Man sollte als Interessent also nicht zu teuer kaufen – die nächste Chance, so ein Gerät zu erwerben, kommt bestimmt. Es ist in meinen Augen keine absolute Rarität, und der Kreis der Interessenten für CBM-II-Geräte ist klein. Aufpassen sollte man, da im gleichen Gehäuse auch der CBM 610 angeboten wurde – dieser ist erkennbar an der roten LED und an den fehlenden Joystick-Ports. Der P500 wurde mit einer grünen LED ausgeliefert.

Fazit

Wir werden das volle Potenzial dieses Gerätes nie ausschöpfen – es gibt keine großen Spiele-

oder Demo-Produktionen dafür, was natürlich schade ist. Im Rückblick war der Erfolg des C64 (und damit der Misserfolg des P500) wohl „survival of the fittest" – auch wenn die technischen Daten, das bessere BASIC und die ergonomische Form für den P500 sprechen, war er als Heimcomputer nicht geeignet. Zu teuer in der Produktion, zu komplex in der Programmierung. Der einfache Einstieg und der günstige Preis machten den C64 zum meistverkauften Computer aller Zeiten. Der P500 bleibt ein kurioser Flop – ein Verwandter des C64, dem der große Durchbruch verwehrt blieb.

Motivation

Es war schön, das Gerät im Rahmen meiner Möglichkeiten zu erkunden. Da es extrem wenige Informationen darüber gibt, fühle ich mich fast so, als hätte ich Neuland betreten. Daher wollte ich auch meine persönlichen Eindrücke vermitteln, weil diesem Computer kaum Beachtung geschenkt wird. Vielleicht konnte ich ein paar P500-Besitzer anregen, sich mit ihrem interessanten Gerät zu beschäftigen. Solltet ihr noch laufende Programme gefunden haben

oder ein „echtes" P500-Programm schreiben, dann teilt mir das bitte mit. Mit dem nötigen Wissen könnte man bestimmt auch z.B. einen SID-Player zum Laufen bekommen. Für alle anderen, die keinen P500 haben, kann ich den Emulator WinVICE (xcbm5x0) empfehlen. ∎

Infos

Die P500-Speicheradressen findet ihr auf dieser Seite (im Menü links findet ihr weitere interessante Informationen zum Computer, etwa unter „Discoveries"):
https://davidviner.com/cbm5.html

Space Chase (nicht für P500):
www.spacechase.de

Cross Chase (viele Plattformen):
https://github.com/Fabrizio-Caruso/CROSS-CHASE
https://github.com/Fabrizio-Caruso/CROSS-CHASE/releases

Infos und Bilder zum P500:
http://scacom.bplaced.net/Collection/p500/p500.php

Retrokost kostenlos

In einem kostenlosen Action-Shooter für den C64 geht man auf Zeitreise in das Jahr 1200 vor Christus, während Spieler auf dem Atari ST wahlweise in einem Autorennen oder aber im Laserball antreten. Gewaltige Ton- und Bilderkunst liefert schließlich noch Game Art Beyond.

von Georg Fuchs

Pharaos Zoo

Wir schreiben das Jahr 1200 vor unserer Zeitrechnung. Der ägyptische Pharao Ichlynchnaund hat sich in den Kopf gesetzt, den größten Zoo seiner Zeit zu bauen. Sogar Gottheiten werden darin gefangen gehalten. Doch es kommt, wie es kommen muss: Tiere und Götter revoltieren und brechen aus. Die getreuen Gefährten, der Affen Maurice und das Kamel Goa, müssen nun versuchen, den Pharao zu retten...

Das ist der Inhalt eines mit dem berühmten SEUCK (Shoot'em Up Construction Kit) erstellten Shooters, den der zum Zeitpunkt der Veröffentlichung erst vierzehnjährige Ben Vin-

zenz Gratzl erstellt hat. Das Spiel kann kostenlos heruntergeladen werden, eine Anleitung ist auf der Diskette enthalten und liegt zusätzlich als PDF bei.

Pharaos Zoo: http://ogy.de/pharao

mothership "Arkanoid" w

Game Art Beyond

Thunderblade hat im Februar eine tolle Grafik- und Musiksammlung veröffentlicht. Es ist kein Demo voller technischer Spielereien, sondern eine Liebeserklärung an die tollen Pixelkunstwerke und Musikstücke im Wandel der Zeit, die jedem, der den C64 als Spielecomputer kennengelernt hat, ermöglicht, ein bisschen in Nostalgie zu schwelgen und gleichzeitig zu sehen, was der C64 grafisch und soundtechnisch leistet... mit derselben Hardware wie 1982.
Game Art Beyond:
http://csdb.dk/release/?id=162501

Spiele für den Atari ST

Anarcho Ride ist ein rasantes Autorennen von Thomas Ilg, das komplett in GFA BASIC programmiert wurde. Das Spiel läuft auf jedem ST-Modell, allerdings sollte es laut Webseite mindestens ein STe sein, damit es nicht ruckelt.

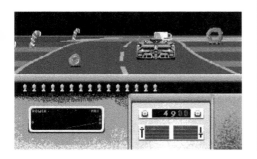

Laserball 2015 ist eine Neufassung eines 1991 veröffentlichten Spiels desselben Programmierers und konnte sogar als „boxed version" bezogen werden. Sobald sich 15 Fans finden, die es kaufen wollen, gibt es davon eine Neuauflage. Das Puzzlespiel wurde Ende 2017 um fünf Levels erweitert und kann in deutscher, französischer, englischer und tschechischer Sprache kostenlos heruntergeladen werden.
Anarcho Ride:
http://www.hd-videofilm.com/anarcho/
Laserball 2015:
http://www.hd-videofilm.com/laserball/

Korrekturen zur Ausgabe #56

Beim Sportspiele-Special in Lotek64 #56 haben sich zwei Fehler eingeschlichen: „The Games – Winter bzw. Summer Edition" stammen von Epyx, nicht von EA (Seiten 43, 45). Und auf Seite 36 ist zu lesen, dass man die Disziplinen von Winter Games in Summer Games II einbinden kann – dieser Absatz steht auch bei Summer Games I, wo das tatsächlich möglich ist, während er bei Winter Games nicht zutrifft und versehentlich kopiert wurde.
(Danke an Simon Quernhorst!)

Amiga Future feiert 20. Geburtstag

*Amiga Future ist das dienstälteste deutschsprachige Amiga-Magazin. Alle zwei Mona-
te erscheint eine neue Ausgabe, die im Abo, im Online-Shop oder im Amiga-Fachhan-
del bezogen werden kann. Am Anfang seiner Karriere erschien das Magazin im ICP-,
später kurz im Falke-Verlag. Seit über 15 Jahren ist die Amiga Future völlig eigen-
ständig und wird von einer Gemeinschaft von über 50 Amiga-Fans gestaltet, die sich
um die Printausgabe, die CD und die Webseite kümmern. Mit rund 800 Exemplaren
ist die Auflage erstaunlich hoch. Neben der deutschen erscheint auch eine englische
Ausgabe. Zum 20. Geburtstag von Amiga Future haben wir mit Herausgeber Andreas
Magerl gesprochen.*

*Lotek64: Die erste Ausgabe von Amiga Future er-
schien vor 20 Jahren, da war die „große Zeit des
Amiga" schon vorbei und der einstige Wundercom-
puter musste um sein Überleben kämpfen. Amiga
Future hat eine ebenso spannende und wechsel-
hafte Geschichte wie der Amiga selbst, der bis
heute eine große Fangemeinde hat. Warum gibt es
noch immer so viele Leute, die sich so gerne damit
beschäftigen?*

Andreas Magerl: Das Besondere am Amiga ist
wohl, dass es einfach Spaß macht, damit etwas
zu machen. Ein Standard-PC ist schlicht und
einfach eine Maschine, die man einschaltet,
damit arbeitet und wieder ausschaltet. Beim
Amiga versucht man ständig, das Gerät zu op-
timieren, zu erweitern oder zu verschönern.
Man kann noch rumprobieren und verstehen,
was der Computer macht. Bei einem PC sollte
man lieber die Finger davon lassen.

Ein weiterer Grund ist sicherlich die Community. Eine große Gemeinschaft (genauso

wie beim C64), in der alle das gleiche Hobby
haben und die auch sehr hilfsbereit sind.

*Lotek64: Amiga Future ist mittlerweile eine der
am längsten bestehenden deutschsprachigen*

Computerzeitschriften. Ihr habt mehrere Verlagswechsel hinter euch und viele, teilweise verwirrende, Entwicklungen in der Amiga-Szene überlebt. Mittlerweile habt ihr seit 1998 nicht weniger als 122 Ausgaben produziert. Eine Frage, die wir uns auch oft selbst stellen: Wie lange wird das Interesse noch anhalten?

Andreas Magerl: Also was uns betrifft: Wir sehen kein Ende. Die Amiga Future steht auf stabilen Beinen und die Auflage steigt. Wenn auch nicht so schnell wie wir es gerne haben würden, aber sie steigt. Wir haben uns ja für dieses Jahr das Ziel gesetzt, 20 Prozent mehr Leser zu erhalten. Vielleicht schaffen wir das sogar.

Was die User betrifft: Nicht die geringste Ahnung. Ich sehe keinen wirklichen Trend, dass die Community kleiner werden oder das Interesse abnehmen würde. Das kann sich sicherlich mal ändern, aber ich seh da momentan eigentlich keine Gefahr.

Es erscheint auch momentan sehr viel Software für den Amiga und die Hardware-Entwicklungen sind auch sehr interessant.

Lotek64: Die Geschichte von Amiga Future kann man detailliert auf eurer Webseite nachlesen. Man bekommt einen Eindruck davon, wieviel Arbeit und Engagement dahinter stecken, dass das Projekt seit 20 Jahren lebt. Auch bei der Cover-CD habt ihr einen langen Atem bewiesen. Was sind für dich die besten Momente in 20 Jahren Amiga Future, worauf bist du besonders stolz?

Andreas Magerl: Hinter der Amiga Future steht wesentlich mehr Arbeit, als die meisten sich vorstellen können. Man sieht ein Heft und denkt sich, dass das mal so schnell gemacht ist. Es gab auch schon viele Versuche, die Amiga Future nachzumachen. Es sind alle daran gescheitert, weil sie die Arbeit dahinter unterschätzt haben. Jeder, der schon mal versucht

■ Das alte Büro vor dem Umzug

hat, einen Artikel oder gar ein Magazin zu veröffentlichen, kennt die ganzen Probleme, die auf einen zukommen – die der Leser jedoch niemals mitbekommt. Es ist ja nicht nur mit dem Artikelschreiben getan. Es muss alles zu Papier gebracht werden, der Druck muss finanziert werden und irgendwie muss das Heft ja auch verkauft werden.

Gerade hinter dem Onlineshop steht wesentlich mehr Arbeit, als die meisten sich vorstellen können. An dieser Stelle auch einmal ein großes Danke an alle Beteiligten. Ohne die vielen User, die bei der Amiga Future mitmachen, wären die 20 Jahre nie möglich geworden.

Lotek64: Die bereits angesprochene Cover-CD ist eine Besonderheit in der heutigen Zeit. Wie schwierig ist es, sie sechsmal im Jahr zu füllen?

Andreas Magerl: Die CoverCD verwundert mich immer wieder. Ich bin eigentlich schon davon ausgegangen, dass in Zeiten des Internets unsere CoverCD immer unbeliebter werden würde. Aber genau das Gegenteil ist der Fall. Immer mehr User wollen die CoverCD der Amiga Future haben.

Die CD zu füllen ist ganz grundsätzlich kein so großes Problem. Es erscheint ja immer noch sehr viel Software für den Amiga. Momentan haben wir nur das Problem, dass wir niemanden haben, der sich um spezielle Software-Releases für die CD kümmert. Aber auch das werden wir irgendwann wieder in den Griff bekommen.

Lotek64: Was hat dich persönlich zum Amiga gebracht, für welche Aufgaben nutzt du ihn im Jahr 2018?

Andreas Magerl: Bei mir war es eigentlich der übliche Werdegang. Ich hatte einen C64 und bin dann irgendwann auf den Amiga umgestiegen. Ich hab übrigens noch 'ne komplette

C64-Anlage im Lager. Nur leider keine Zeit sie aufzubauen.

Wenn man wie ich sehr viel an Computern arbeitet, kann man zwar vieles am Amiga machen, aber leider nicht alles. Sicherlich könnte man irgendwie alles am Amiga bewerkstelligen, aber das wäre schlicht und einfach zu zeitaufwendig. Und Zeit ist für mich ein sehr kostbares Gut. Es hat schon einen Grund, warum wir in fast allen Bereichen noch Verstärkung suchen.

Ich arbeite hier an einem AmigaOne 500 und muss leider feststellen, dass mir die Leistung langsam, aber sicher zu gering wird. Aber schnellere Hardware ist momentan bei mir nicht drin.

Ich nutze den Amiga, um Texte jeglicher Art zu schreiben (zum Beispiel dieses Interview hier mit CygnusEd) und News für die Homepage zusammenzustellen. Auch die ganzen Arbeiten an den Homepages oder dem Onlineshop werden von mir mit dem Amiga gemacht. Alle Arbeiten rund um das Erstellen der Amiga Future werden von mir mit dem Amiga bewerkstelligt. Artikelaufträge vergeben, Artikel an Übersetzer und Lektoren verteilen und schließlich ab damit zum Layout. Natürlich auch die Kunden- und Aboverwaltung sowie Rechnungen bzw. die komplette FiBu. Ein großer Bereich sind natürlich auch E-Mails. Ich erhalte im Jahr rund 12.000 Mails. YAM möchte ich wirklich nicht mehr missen wollen.

Ich habe hier noch einen Amiga 600 stehen, dessen einzige Aufgabe es ist, Disketten zu kopieren. Ein CDTV und ein CD32 stehen bei mir noch im Büro als Testmaschinen für diverse Software sowie Messeauftritte. Und ein Windows-PC, der hauptsächlich für Social Media und CD/DVD-Kopieren verwendet wird.

Lotek64: Danke für das Interview und alles Gute zum runden Geburtstag!

Andreas Magerl: Vielen Dank. Wir haben zu danken. Ohne Leser gäbe es ja auch keine Amiga Future.

Das Interview führte Georg Fuchs. ∎

Infos

Amiga Future erscheint in Farbe gedruckt mit optionaler CD-ROM. Ältere Ausgaben sind als Sammlung von hochauflösenden PDF-Dateien auf einer Archiv-DVD erhältlich. Ausverkaufte Exemplare werden nach einiger Zeit als Einzelseiten auf der Website kostenlos zur Verfügung gestellt.
Pro Jahr erscheinen sechs Ausgaben, ein Abo kostet in Deutschland 46 Euro bzw. mit CD 63,90 Euro.
http://www.amigafuture.de

Der Mini-C64

Optisch ist der C64-Mini dem Original nachempfunden, technisch jedoch 35 Jahre moderner: Auf einer ARM-CPU laufen Linux und ein Software-Emulator. Hat man den – mich persönlich nicht ganz ansprechenden – Überkarton entfernt, hält man einen stabilen Karton mit „The C64 Mini"-Logo in der Hand. Öffnet man diesen, so werden einem der im Vergleich zum Original nur ein Viertel so große C64 Mini und der mitgelieferte Joystick präsentiert. Außerdem in der Schachtel: eine mehrsprachige Anleitung, HDMI- und USB-Kabel zur Stromversorgung – allerdings ohne das zugehörige USB-Netzteil.

von Stefan Egger

Äußerlich hinterlässt das Gerät bei mir einen gemischten Eindruck: Der Kunststoff des Gehäuses und seine Oberfläche sind in Ordnung, der Mini wirkt jedoch optisch durch die nicht ganz perfekte Farbgebung von vornherein vergilbt. Auch die (nicht funktionale) Tastatur ist nicht tadellos: Obwohl die verschiedenen Formen der einzelnen Tastenreihen nachgebildet wurden, wirkt sie verkleinert etwas scharfkantig. Die Bedruckung erfolgt nur an der Oberseite – die vorn aufgedruckten charakteristischen PETSCII-Symbole und die geradzahligen F-Tasten sucht man vergeblich. Mangels Lizenz für das Symbol gibt es auch keine „echte" Commodore-Taste. Das Gewicht vermittelt – dank Metallverstärkung im Inneren – ein hochwertiges Gefühl und die kleine Power-LED leuchtet auch tatsächlich. Während einige Details erstaunlich gut umgesetzt wurden – so sind wie beim Original die kleinen Lüftungsschlitze an der Oberseite nur von hinten betrachtet zu erkennen –, vermisse ich andere Dinge wiederum komplett: Die üblichen Anschlüsse an der C64-Rückseite sind beim Mini nicht einmal angedeutet; die Unterseite ist komplett der Fantasie der britisch-chinesischen Kooperation entsprungen („Designed in UK – Made in China"). Die Gummifüße sind falsch platziert und wirken billig. Lüftungsschlitze an der Unterseite sind zwar vorhanden, jedoch nicht korrekt dem Vorbild nachgebildet. Das hätte man bestimmt besser hinbekommen können, selbst wenn es nur angedeutet gewesen wäre. Auch die Formgebung des Gehäuses an sich wurde leider nicht gut getroffen: Die typische C64-Form mit der Rundung an der Front wirkt zu eckig – der Radius wurde zu klein gewählt, was dem Gerät von schräg vorne betrachtet gegenüber dem „Echten" ein (zu) kantiges Aussehen verleiht.

Startet man das Gerät, kommt man unmittelbar in ein Menü. Jedes der 64 eingebauten Spiele wird mit kurzer Beschreibung, Screenshot und Cover vorgestellt – eine Liste in schriftlicher Form findet ihr auf der Homepage. Außerdem gibt es Optionen, etwa einen CRT-Filter. Damit werden die für Röhrenmonitore typischen Scanlines durch die verdunkelte Darstellung jeder zweiten Zeile nachgebildet. Dies hilft die vom C64 gewohnte Grafik auch an neueren Monitoren realistischer darstellen zu können.

Für alle Spiele gibt es Spielstände, sogenannte Snapshot-Images. Da die Hardware-Tastatur nicht funktioniert, gibt es eine Bildschirmtastatur, die man einblenden kann. Leider ist die am rechten Rand vertikal platzierte und alphabetisch geordnete virtuelle Tastatur sehr gewöhnungsbedürftig – ein Nachbau des normalen Tastaturlayouts wäre wohl für viele einfacher zu bedienen gewesen. BASIC steht zur Verfügung und auch das Laden von weiteren Spielen von USB-Stick ist möglich, wenn auch

umständlich. Ebenfalls per Stick kann man Software-Updates einspielen. Aktuell ist die Version 1.0.8, welche die von einigen Usern kritisierte verzögerte Reaktion auf Eingaben minimieren soll (Input-Lag).

An Anschlüssen gibt es nur HDMI (720p), Micro-USB zur Stromversorgung sowie zwei USB-Anschlüsse an der rechten Seite. Per USB wird der Joystick verbunden, welcher über acht Knöpfe für Sonderfunktionen (etwa Spielen mit Tastatureingabe) verfügt. Er erinnert stark an den C64-DTV (tatsächlich arbeitete ein Teil des DTV-Teams am Mini-C64 mit), leider auch qualitativ: Der aus Kunststoff bestehende Stick wirkt wenig robust und muss mit kostengünstigen Gummikontakten auskommen – Mikroschalter wie beim (unzweifelhaften) Vorbild Competition Pro gibt es keine. Der offizielle Joystick wird auch separat verkauft, sodass man zu zweit spielen kann – außerdem funktioniert er auch unter Windows. Es werden auch einige andere Controller und Tastaturen am C64-Mini erkannt, was die Bedienung

erleichtert. Das Problem ist, dass nur noch ein Anschluss für Tastatur oder USB-Stick übrigbleibt, wenn man einen Joystick angeschlossen hat – man benötigt also einen USB-Hub, möchte man mehrere Geräte anschließen.

Fazit

Eher ein „nice to have" als ein „must have": Hardcore-Fans erkennen sofort, dass das geschrumpfte Modell nicht perfekt ist. Augen, die 35 Jahre lang an eine bestimmte Form gewöhnt sind, täuscht man nicht so leicht. Während mir die Details an der Oberseite ein kleines Schmunzeln ins Gesicht zauberten, ist das Unterteil des Gehäuses sehr lustlos geraten. Aufgrund der schwierigen Lizenzierung (viele Firmen gingen in Konkurs oder Spiele wechselten mehrmals ihren Lizenzbesitzer) sind die 64 eingebauten Spiele in Ordnung, auch wenn leider einige Klassiker fehlen. Die Bedienung ist zum Teil verwirrend, die virtuelle Tastatur nur für Notfälle geeignet.

Der billig verarbeitete Joystick mit der unüberschaubaren Anzahl Tasten ist jedoch für mich der größte Kritikpunkt, immerhin ist er für das Spielerlebnis zuständig. Einen zweiten Joystick kann ich daher nicht empfehlen (zumal er mit etwa 33 Euro gar nicht so günstig ist, auch die durchwegs schlechten Rezensionen, die von abgebrochenen Sticks berichten, vermitteln einen eher abschreckenden Eindruck). Dass schon einige Software-Updates herausgekommen sind, ist positiv. Weitere sind geplant, v.a. das Laden von Spielen über einen USB-Stick soll vereinfacht werden.

Das Gerät, welches rund 80 Euro kostet, ist also eher für Sammler oder Nostalgiker. Niedlich anzusehen, aber wirklich spielen werde ich aufgrund des schlechten Joysticks kaum damit. ∎

ATWOODS C64 SUMMER OPEN-AIR

11.-12. August 2018
in Salzgitter

Camping, Barbecue,
Demo & Spiele Compo

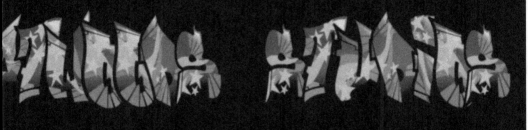

weitere Infos und
Anmeldung unter

http://berlinc64club.de

Quantensprung: Die neuen Sinclair-Computer

Neben dem Mini-C64 gibt es gleich zwei Computer, die dem Sinclair ZX Spectrum nachempfunden sind. WIr haben sie unter die Lupe genommen.

von Stefan Egger

ZX OMNI 128HQ

Dieser neue Computer wird fertig zusammengebaut mit Netzteil und Videokabel geliefert. Das Gehäuse entspricht dabei dem Original des ursprünglichen Spectrum, wird jedoch in verschiedenen Farben angeboten und nachträglich per Laserschnitt für die erweiterten Anschlüsse bearbeitet. Die Platine ist in moderner SMD-Technik ausgeführt, wobei eine neue Zilog-Z80-CPU, Flash, EEPROM sowie drei RAM-Chips zum Einsatz kommen. Der Sinclair-Spezialchip „ULA" wurde mittels TTL-Logikbausteinen aufgebaut und ersetzt. Einzig der zusätzliche AY-Soundchip späterer Sinclair-Modelle scheint heute nicht mehr in Produktion zu sein.

Weggefallen ist der TV-Modulator. Er wurde ersetzt durch einen speziellen Mini-DIN-Anschluss, welcher auch RGB zur Verfügung stellt (das Kabel wird mitgeliefert). Daneben sitzt ein HDMI-Anschluss, welcher jedoch erst mit einem Zusatzmodul (derzeit noch in Entwicklung) aktiviert werden muss. Gegenüber dem Original gibt es außerdem zwei Joystick-Anschlüsse (Kempston und Sinclair), einen Ein-/Ausschalter sowie die Knöpfe Reset und NMI. Letzterer ruft das Menü des ebenfalls eingebauten DivMMC, einem SD-Kartenleser, auf.

An der rechten Seite befinden sich sowohl ein normaler als auch ein Micro-SD-Slot.

Der Computer kann optional auch per Akku betrieben werden. Das Battery-Management-System sowie die Halterungen der Akkus sind immer verbaut. Besonders interessant wird diese Tatsache jedoch in Zusammenhang mit dem zweiten OMNI-Modell: Hierbei wird ein 9"-LCD-Farbmonitor an den Sinclair geschraubt, was ihn zu einem kleinen Laptop macht. Etwa 15 Stunden Batterielaufzeit ohne externe Stromquelle sind damit möglich.

Der ZX OMNI 128HQ (sowie Gehäuse und Ersatzteile wie Tastaturfolien) ist direkt über den Shop von Retro Radionics bestellbar. Der Tastaturcomputer kostet etwa 95 Euro, der Laptop etwa 130 Euro. Dazu kommen noch ungefähr 10 Euro Versandkosten aus China.

Durch die große Nachfrage kann es sein, dass die Produktion 20 bis 30 Tage in Anspruch nimmt – etwas Geduld ist also gefragt.

Fazit

Wer noch keinen Sinclair hat oder die Umbauten scheut (etwa Composite-Mod und Tausch des Spannungsreglers für weniger Abwärme) sowie Kontaktproblemen mit dem externen DivMMC aus dem Weg gehen möchte, findet im OMNI ein fast perfektes Gerät. Dank der neuen Bauteile und der besseren Verarbeitung (etwa der Tastaturfolie) braucht man sich bei Verwendung des OMNI weniger Gedanken um seine Hardware zu machen. Zum attraktiven und fairen Kurs bekommt man alles Nötige in einem Gehäuse. Einzig die Anordnung bzw. Integration der zusätzlichen Knöpfe und

Anschlüsse ist etwas suboptimal gelöst – beim kleinen Sinclair-Gehäuse jedoch kaum besser machbar.
http://retroradionics.co.uk/shop.html

ZX Spectrum Next

Sexy. So beschreibt man den Next in nur einem Wort. Sinclair hatte schon immer ein spezielles Design, seien es die schwarzen Computer mit Regenbogen-Aufdruck oder Taschenrechner, welche durch Tricks zum Stromsparen für damalige Verhältnisse extrem flach gebaut werden konnten. Der Next führt dies fort und transferiert das charakteristische Sinclair-Design ins 21. Jahrhundert. Aktuell werden – nach einigen Verzögerungen – die Formen zum Bau der Gehäuse nach und nach fertiggestellt. Während die Developer-Platinen schon ausgeliefert wurden, verzögert sich die Fertigstellung des fertig aufgebauten und durch Kickstarter finanzierten Computers etwas.

Im Gegensatz zum OMNI, welcher seine Schaltkreise mittels echter Chips auf seine Platine gepackt bekam, beschreitet der Next einen anderen Weg. Er basiert auf einem Spartan FPGA (Field Programmable Gate Array). Dieser IC kann mit den in einer Hardwarebeschrei-bungssprache vorgegebenen Logikschaltungen konfiguriert werden. Anders ausgedrückt: Er bildet – korrekte Programmierung vorausgesetzt – einen Spectrum nach und verhält sich auch genauso. Updates können jederzeit eingespielt werden, was den FPGA zur gern verwendeten und flexiblen Technik im Retro-Bereich macht.

Doch wie der Name schon verrät, soll der Next nicht nur ein Nachbau, sondern ein komplett neuer Spectrum werden. Die FPGA-Z80-CPU erhält Turbo-Modi, die Tonausgabe über drei AY-Chips ist Stereo und die Video-Hardware wurde stark aufgebohrt: Der Next erhält die vom C64 bekannten Hardware-Sprites, kleine vom Bildhintergrund unabhängige Objekte. Dies umgeht viele Beschränkungen und das für Sinclair typische Flackern des Hintergrundes. Auch an der Farbpalette wurde geschraubt: 256 statt 15 Farben. Die Ausgabe erfolgt dabei per RGB, VGA oder HDMI. Der Speicher ist bis 2 MB erweiterbar.

Während der TV-Modulator auch hier rausflog, behielt man die Möglichkeit bei, auf Tape zu speichern und von dort zu laden. Trotzdem wurde zusätzlich auch ein DivMMC-kompatibler SD-Slot verbaut. Zum Anschluss von

Eingabegeräten erhält man zwei konfigurierbare Joystickanschlüsse sowie PS/2 für Maus oder Tastatur. Wem das noch nicht genug ist, der kann ein WLAN-Modul, eine Echtzeituhr, einen internen Lautsprecher sowie ein Raspberry Pi Zero (1 GHz mit 512 MB RAM) als Beschleuniger für 3D-Effekte hinzufügen. Erste Spiele wie etwa Shooter befinden sich in Entwicklung. So viel sei verraten: Der Next sieht toll aus, läuft flüssig und schnell, ohne jedoch den Charme der Spectrum-Spiele mit ihren drolligen Farben komplett zu verlieren.

Fazit
Der Next macht vieles richtig, was bei anderen Projekten nicht oder nur halbherzig umgesetzt wird. Er hat das Potenzial zum ersten wirklich neuen Komplettpaket zu werden: Neben dem behutsam, aber deutlich modernisierten Gehäuse mit Tastaturmechanik, der auf neuen Bauteilen basierenden Platine und einer Anleitung soll alles auch in einer schön gestalteten, hochwertigen Verpackung geliefert werden.

Der Preis für das (derzeit noch nicht lieferbare) Gerät wird bei etwa 290 Euro angesetzt (Vollausbau für 375 Euro), die Platine alleine kostet ungefähr 160 Euro. Diese kann man entweder mit externer PS/2-Tastatur oder (mit etwas Bastelarbeit am Gehäuse) auch in ältere Sinclair-Modelle verbauen (die Anschlüsse für die originale Spectrum-Tastatur sind vorhanden). *http://www.specnext.com* ∎

Sommer, Sonne, Badespaß… am besten im Geekini!

Geekinis

Das Strandbad lockt, die Sonne lacht, und du hast nichts Passendes anzuziehen? Hier ein paar Ideen für den Sommer!

von Marleen

Tetris-Badeanzug
Der Badeanzug im klassischen Tetris-Look ist erhältlich in schwarz oder lila. Aber auch die Herren kommen nicht zu kurz.

Pac-Man-Badeanzug
Pac-Man geht irgendwie immer… ob als Schal, Business-Anzug oder Pyjama. Also warum nicht auch zum Schwimmen?

Gamer-Mode
Für diejenigen, die es etwas subtiler mögen, gibt es den Gameboy-Badeanzug… und eine ganze Auswahl an Badehosen in allen Farben mit diversen Controllern als Aufdruck!

Pokemon-Bikini
Wer den Bikini dem Badeanzug vorzieht, findet in diesem Jahr eine kleinere Auswahl an Designs… der Bikini mit Pokemon-Aufdruck ist allerdings noch verfügbar!

Alle hier gezeigten Kleidungsstücke sind entweder auf amazon.de oder amazon.com zu finden. ∎

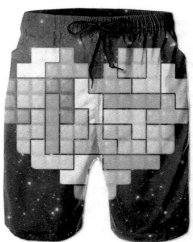

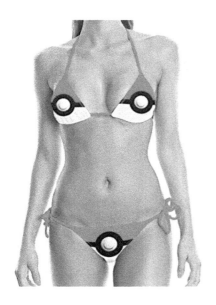

Retro Treasures

The Typing of the Dead

Die Serie Retro Treasures beschäftigt sich mit seltenen oder ausgefallen Produkten der Video- und Computerspielgeschichte und befasst sich in dieser Ausgabe mit The Typing of the Dead (Dreamcast).

von Simon Quernhorst

Als Spin-off der populären Serie „The House of the Dead" wagte Sega 1999 etwas Kurioses: der bisherige Lightgun-Shooter wurde durch die Steuerung mittels Tastatur zu einer Mischung aus Actionspiel und Lernprogramm zum Tastaturschreiben und passenderweise als „The Typing of the Dead" in die japanischen Spielhallen gestellt. In den beiden folgenden Jahren erschienen in Japan und Nordamerika Umsetzungen für Dreamcast und Windows-PC.

Technisch basiert das Spiel auf „The House of the Dead 2" und außer der Steuerung wurden kaum Änderungen an dem Rail-Shooter vorgenommen, allerdings tragen die Helden im Spiel nun statt einer Pistole eine Tastatur vor dem Bauch und eine batteriebetriebene Dreamcast-Konsole auf dem Rücken. Die auftauchenden Zombie-Gegner tragen einen Textkasten vor sich her und können nur durch Eingabe der richtigen Phrasen besiegt werden – die Länge der zu tippenden Texte nimmt

■ The House of the Dead (Saturn) und The Typing of the Dead (Dreamcast)

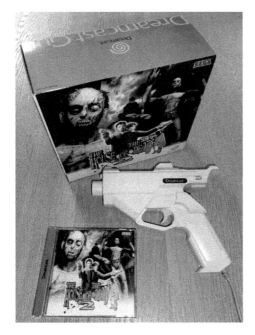

■
Oben: Waffe für Schreibtischtäter...
Links: Die Basis: The House of the Dead 2
(Dreamcast)

dabei mit steigendem Schwierigkeitsgrad zu. Ein Zeitlimit sorgt für zusätzliche Spannung, bis schließlich eine von drei möglichen Endsequenzen erreicht wird. Neben dem Modus „Arcade" gibt es bei der Heimversion auch noch „Original" sowie zusätzliche Schreiblernmodi. Eigentlich könnte man es sogar als „Edutainment" oder „Educational Game" bezeichnen, wenn nicht die amerikanische Jugendfreigabe „M" (Mature; ab 17 Jahre) den Einsatz im Kindesalter verhindert hätte.

Die Dreamcast-Version wurde ziemlich gut bewertet und besonders der absurde Humor des Szenarios und die Ironie mancher Texte wurden hervorgehoben. Als kleines Manko ist beim Spielen mit einer deutschen Dreamcast-Tastatur jedoch zu beachten, dass die Buchstaben Y und Z im Spiel vertauscht sind.

2004 erschien mit als „The Typing of the Dead: Zombie Panic" eine Konvertierung für die japanische PlayStation 2. Ebenfalls nur in Japan erschienen 2008 der Nachfolger „The Typing of the Dead 2" für Windows-PC, welches technisch nun auf dem Lightgun-Shooter „The House of the Dead III" basierte, sowie „English of the Dead" exklusiv für Nintendo DS. 2012 folgte noch „Flick of the Dead" für iOS-Geräte und schließlich 2013 „The Typing of the Dead: Overkill" für Windows-PC – natürlich basierend auf „The House of the Dead: Overkill". ■

Der Autor

Simon Quernhorst, Jahrgang 1975, ist begeisterter Spieler und Sammler von Video- und Computergames und Entwickler von neuen Spielen und Demos für alte Systeme. Zuletzt durchgespielter Titel: New Super Mario Bros. (Wii).

Per Touchscreen nach Kerovnia

The Pawn und The Guild of Thieves waren die ersten Spiele des Softwarehauses Magnetic Scrolls und dürfen bis heute zu den herausragenden Vertretern der Textadventures gezählt werden. Vor Kurzem wurden beide neu aufgelegt und dabei um zeitgemäße Features erweitert. Lotek64 hat sich die Remakes angesehen.

von Georg Fuchs

The Pawn stellte 1985 das Debüt des britischen Softwarehauses Magnetic Scrolls dar. Die erste Version wurde lediglich für den heute beinahe in Vergessenheit geratenen 16-Bit-Computer Sinclair QL veröffentlicht und erreichte deshalb kein sehr breites Publikum. Dabei wurde sehr viel geboten: Zwar ist The Pawn ein formal konventionelles Textadventure, doch der Parser, also jener Teil des Programms, der die per Textkommando eingegebenen Interaktionen des Spielers verarbeitet, war von hoher Qualität und war mit den legendären Spielen des US-Hauses und Konkurrenten Infocom durchaus vergleichbar. Ungewöhnlich war die Geschichte, die in einer Fantasiewelt namens Kerovnia angesiedelt ist und von einem Mann handelt, der auf dem Heimweg von einer Einkaufstour von einem Mann mit langem weißem Bart niedergeschlagen wird und ohne Erinnerung erwacht. Sie wiederzuerlangen ist die Zielsetzung des Adventures. Dass dabei sehr viele ungewöhnliche Dinge passieren und teils sehr schwere Rätsel gelöst werden müssen, versteht sich von selbst. Die interaktive Erzählung weist hohes literarisches Niveau auf und wurde nicht grundlos von der Kritik in den Himmel gelobt. Wer damals im Englischunterricht mit ausgefallenem Vokabular glänzen wollte, konnte hier aus dem Vollen schöpfen.

Bilder kommen ins Spiel

Der Durchbruch gelang allerdings erst, als Magnetic Scrolls das Spiel um Illustrationen erweiterte. Der Grafiker Geoff Quilley konnte für diese Aufgabe engagiert werden. Seine Schöpfungen zählten Mitte der 80er-Jahre zu den besten Bildern, die je für Spiele entworfen worden waren. Auch wer keine Adventures spielte, bekam seine Kreationen in der Fachpresse regelmäßig vorgesetzt. Mit der Einführung der Bilder bekam The Pawn die Versionsnummer 2 verliehen. Endlich wurde die breite Masse der Heimcomputerbesitzer angesprochen, denn nun erschienen Versionen für den Commodore 64, Amiga, Atari ST, Acorn Archimedes, Apple

Macintosh, Atari XL, CPC, MS DOS und Sinclair Spectrum.

Amiga- und ST-User waren bereits mit optisch guten Grafikadventures verwöhnt, aber am Commodore 64 waren Illustrationen in Adventures bis dahin eher zweckmäßig als schön. Eine optimale Ausnutzung der schmalen Farbpalette sorgte für herausragende Bilder, die den Bildschirm nicht ganz ausfüllten, sondern am unteren Rand noch Platz für ein wenig Text und eine Zeile zur Eingabe der Kommandos ließen. Alternativ kann auch der gesamte Bildschirm für Text verwendet werden, dann wird rechts oben eine Miniaturansicht der aktuellen Illustration angezeigt (Kommando „BRIEF"). Besonders schön anzusehen ist das sanfte Scrollen der Bilder, die sachte von oben nach unten schweben.

Der Preis für die grafische Pracht auf dem C64 war, dass im Gegensatz zu den meisten anderen Umsetzungen, die lediglich die Bilder von Diskette nachluden, die Texte nicht mehr vollständig in den Speicher passten. Ladezeiten auch bei Aktionen, die keine neuen Bilder aufrufen, mussten daher in Kauf genommen werden und trübten den Genuss der Magnetic-Scrolls-Abenteuer ein bisschen.

Schwierig und schön: The Pawn

Nach der Veröffentlichung der um Bilder ergänzten Version konnten sich Bildschirmabenteurer weltweit an die Lösung von The Pawn machen – fortgeschrittene Englischkenntnisse vorausgesetzt, denn wie bei Infocom-Spielen wurde hier sprachlich mehr geboten als bei den typischen in BASIC geschriebenen Adventures dieser Tage. Wie erwähnt, muss der Spieler in The Pawn aus dem märchenhaften Spieleszenario zurück in die reale Welt finden. Dass die Story bei aller atmosphärischen Dichte eine Menge Humor aufweist, ist zwar nicht genre-untypisch, hier aber besonders gut dosiert. Auch die Interaktion mit anderen Charakteren

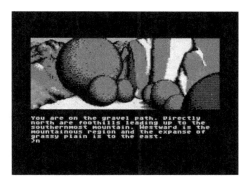

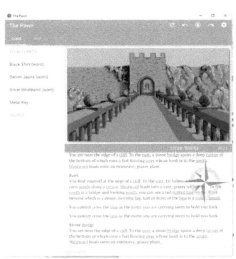

```
You     Files    Move at    Text    ne start   Graphics  pens out   Goodies
room to the east.
>e
Organ Room
An organ which constantly plays by itself provides an eerie air of mystery to
this room which overlooks the frescoes of the main temple.
>_
```

(heute würde man sie NPCs nennen) ist fester Bestandteil des Lösungsweges.

Wie damals üblich, kann man in The Pawn „sterben", muss also bei Fehlern von vorne anfangen, wenn man nicht rechtzeitig abgespeichert hat. Wer sich noch an die Mühen des Abspeicherns und Ladens von Spielständen in der 8-Bit-Ära erinnern kann, weiß, wie frustrierend und zeitraubend dieser Mechanismus sein konnte. Ein bei Infocom-Adventures Mitte der 80er-Jahre eingeführtes Feature, das den Spielen von Magnetic Scrolls fehlte, war das „OOPS"-Kommando, mit dem man die letzte Eingabe zurücknehmen konnte.

The Pawn durchzuspielen ist selbst mit Hilfe des mitgelieferten Hint-Systems eine äußerst schwierige Aufgabe. Hinweise bekam man durch die Eingabe von mehrere Zeilen langen sinnlosen Buchstabenkombinationen, die im Handbuch abgedruckt waren und Spielern von Raubkopien vorenthalten blieben.

Noch schwieriger und schöner: The Guild of Thieves

Ungefähr ein Jahr nach dem erfolgreichen Einstandswerk stellte Magnetic Scrolls den Nachfolger vor. The Guild of Thieves, so der Titel des Spiels, enttäuschte nicht. Einerseits gab es genügend Anknüpfungspunkte zum Vorgänger, da das Spiel in derselben Welt angesiedelt ist. Andererseits ist es keine Fortsetzung, sondern ein komplett eigenständiges Spiel, das nicht nur über eine äußerst originelle Handlung verfügte, sondern auch beim Schwierigkeitsgrad neue Standards setzte. Die Grafiken waren wieder von herausragender Qualität, auch alle anderen Vorzüge von The Pawn wurden beibehalten. Als Zugabe lag eine Bankomatkarte der „Bank of Kerovnia" in der Box, außerdem ein gezinkter Würfel, offenbar eine Anleihe bei Infocom, deren Spiele immer mit originellen Beigaben, so genannten „Feelies", ausgeliefert wurden.

Bei The Guild of Thieves schlüpft man in die Rolle eines jungen Aspiranten, der, um in die Diebeszunft aufgenommen zu werden, einen spektakulären Einbruchsdiebstahl verüben und ein ganzes Schloss plündern muss. Das Spiel ist stellenweise sehr düster und spielt raffiniert mit Stimmungen, die sich in den Bildern genial widerspiegeln. Aber auch der Humor kommt nicht zu kurz, und diesen hatte das Spiel bitter nötig, da sich die Rätsel teilweise hart an der Frustrationsgrenze bewegen. In einer Zeit, als man noch keine Komplettlösungen im Internet abrufen konnte, waren die meisten Spieler auf Tipps in Spielezeitschriften angewiesen – und The Guild of Thieves beschäftigte deren Adventure-Kolumnen monate-, wenn nicht jahrelang.

Tod und Wiedergeburt

Magnetic Scrolls existierte zwar noch einige Jahre und veröffentlichte, je nach Zählart, nach The Guild of Thieves vier oder fünf weitere Adventures, doch die Ära der Point-and-Click-Adventures war angebrochen und verdrängte die alteingesessenen Textadventure-Giganten wie Infocom, Magnetic Scrolls und Level 9 vom Markt.

Eine große Fanbasis sorgt seither dafür, dass die Klassiker des Genres nicht nur davor bewahrt werden, in Vergessenheit zu geraten. Für moderne Plattformen werden Interpreter entwickelt, mit deren Hilfe die Spiele wie auf der Originalhardware laufen. Abgesehen davon können die Abenteuer auch mittels Emulatoren auf aktuellen Rechnern zum Laufen gebracht werden, wenn die entsprechenden Disketten-Images verfügbar sind. Natürlich ist das auch bei Magnetic-Scrolls-Spielen möglich und es gab auch nach dem Ende der Firma nie ein Problem, The Pawn und all die anderen Titel zum Laufen zu bringen.

Der Interpreter von Niclas Karlsson hatte schon einige Zeit gute Dienst geleistet, bis er umfangreich ergänzt und überarbeitet wurde. Hugh Steers, Gründungsmitglied von Magnetic Scrolls, und Stefan Meier, Betreuer der wohl wichtigsten Magnetic-Scrolls-Fanseite http://if-legends.org, haben mit Unterstützung des ursprünglichen Teams (Anita Sinclair, Ken Gordon, Rob Steggles und Servan Keondjian) eine Oberfläche geschrieben, in der die klassischen Adventures mit einigen neuen Features und wesentlich mehr Komfort gespielt werden können. Die Neuerungen sind umfangreich und greifen dabei Elemente auf, die Magnetic Scrolls bereits in ihrem letzten Spiel, Alice in Wonderland, ausprobiert hatte, unter anderem ein flexibles Fenstersystem, das leider erst auf leistungsfähigen Computern zur Geltung kommen konnte.

Die Neufassungen der beiden Adventures können per Touchscreen bedient werden, aber auch ganz traditionell via Tastatur. Auch auf mobilen Geräten laufen die Titel hervorragend, wenngleich auf kleinen Bildschirmen Abstriche bei der Bedienung in Kauf genommen werden müssen. Neue Features sind:

- Steuerung per Touchscreen, um die Adventures auch auf Mobilgeräten spielen zu können. Das funktioniert via Textlinks ohne virtuelle Tastatur.
- Wortvorschläge sorgen dafür, dass Begriffe ohne langes „Tippen" eingegeben werden können.
- Das Inventory ist ständig eingeblendet und verfügt über eine Drag-and-Drop-Funktion, die Textkommandos verkürzt.
- Das Spiel legt eine automatische Karte an, sobald ein neuer Raum gefunden oder besucht wurde. Danach kann jeder Raum schnell mittels eines „GOTO"-Kommandos erreicht werden.
- Die Navigation durch die Örtlichkeiten des Spiels wird durch einen Kompass vereinfacht, der zur Fortbewegung nur angetippt bzw. angeklickt werden muss.

aus gelungen ist. Dass damit Spieler angesprochen werden, die die Originale nicht kennen, ist wenig wahrscheinlich. Umso größer ist die Anziehungskraft allerdings für alle, die sich in den 80ern die Zähne an den Spielen von Magnetic Scrolls ausgebissen haben. Denn die Hints sind nun ohne Mühe abrufbar und auf der Webseite des Herstellers wird gleich eine Komplettlösung mitgeliefert – abgestimmt auf die neuen Steuerungsmethoden. Wer im Retro-Modus spielt, braucht ohnehin kein Walkthrough, Ehrensache.

- Stirbt man im Spiel, wird man automatisch wieder zurückgeholt. Das Laden und Speichern von Spielständen ist nun kein Problem mehr. Wird das Programm geschlossen und später wieder geöffnet, fährt man automatisch an der Stelle fort, an der man das Spiel beendet hat, auch wenn nicht gespeichert wurde.
- Es gibt eine umfangreiche Undo-Funktion, mit der auch mehrere Schritte zurückgenommen werden können.

Für beide Spiele hat John Molloy, der die Originalmusik geschrieben hat, die Titelmusik beigesteuert.

Fazit

The Pawn und The Guild of Thieves können mit ihren spannenden Geschichten und Rätseln noch immer fesseln, wenn man die Geduld aufbringt, sich auf ein Spielegenre einzulassen, das aus der Zeit gefallen zu sein scheint. Die neuen Elemente zielen vor allem auf Touchscreens ab und können auch deaktiviert werden. Dann spielen sich die beiden Adventures beinahe so altmodisch wie vor über 30 Jahren, als sie das Licht der Welt erblickten. Der Autor dieser Zeilen zieht diese Methode vor, erkennt aber an, dass der Versuch, Textadventures auch auf Mobilgeräten spielbar zu machen, durch-

Infos

The Pawn und The Guild of Thieves kosten jeweils 1,49 GBP (ca. 1,80 Euro) und laufen unter Windows, MacOS und Linux sowie auf Android- und iOS-Geräten.
https://strandgames.com/

Ein ausführlicher Artikel über Magnetic Scrolls mit dem Titel „Bauern, Diebe, Börsenmakler" erschien in Lotek64 #45 (Juni 2013).

Die famose Klangwelt des Commodore 64 anhand zweier konkreter Beispiele aus dem goldenen Zeitalter und der Neuzeit des SID-Chips

Von Martinland

Bassy Boy (1994), geschaffen von Fanta alias Alexander Rotzsch:

Sie sind zurück, die Sommer-, C64- und klassischen Intro-Gefühle; außerdem von einem, der es verdient hat, endlich hier vertreten zu sein: Fanta nimmt uns zwei Minuten lang auf eine mindestens vierteilige Reise aus Funk, Melodiösem und Rhythmischem mit. Ersterer wechselt nach dem Intro zu Zweiterem, bis das spieleri-

sche Thema dann zu Tanzbarem wechselt. Nach einem Schlagzeugsolo finden wir uns auf einer SID-Wiese mit höchst eigenwilliger, doch mittels Wellenformtabelle angenehm aufgebohrter Hauptstimme wieder, nur um hernach zurückzukehren. Ein weiterer Durchlauf lohnt sich!
http://csdb.dk/sid/?id=12064

Kereszturi Blues (1998), geschaffen von Carlos alias Gábor Csordás:

Das perfekte Gegenstück: Ebenfalls eine (verlängernswürdige, wäre da nicht die Kadenz am Ende) zweiminütige Erfahrung, zeigt dieses Stück SID-Musik, wie auch der Neuzeit zurechenbare Stücke im besten Sinne alt klingen können. Die Stimmung ist ähnlich dem in dieser der Jahreszeit entsprechend leicht verdaulichen Folge bereits oben angeschlagenen Ton (und erinnert mich an irgendeinen Larry-Teil). Was will man mehr (tantramäßig länger, klar)?
http://csdb.dk/release/?id=95174 ■

Diesem Bär ist nichts zu schwer

Wenn Herr Bär im Sommer zu behäbig ist, Lebensmittelvorräte für den Winter zu sammeln, darf er sich nicht wundern, wenn ihn Frau Bärin im Herbst vor die Türe setzt. Der Sommer neigt sich seinem Ende zu, was ihn unter Druck setzt: Bald beginnt die Winterruhe, und vorher müssen noch 350 Äpfel in die Vorratskammer. Aber woher nehmen? Zum Glück gibt es rund um die Bärenhöhle Nahrung im Überfluss, sie muss bloß eingesammelt werden. Doch Gefahren lauern überall.

von Georg Fuchs

The Bear Essentials ist ein traditioneller Platformer, der uns so, wie er sich bei der Veröffentlichung Ende 2017 präsentierte, schon in den 80ern in höchstem Maß erfreut hätte. Ein niedliches, kleines Bärensprite läuft und springt durch einen großen Wald, springt von Ast zu Ast und tastet sich so von einem Apfel zum nächsten vor.

Das ist nicht aufregend und neu, aber das behauptet auch niemand. The Bear Essentials bietet solide Kost, wie man sie in der 8-Bit-Welt seit den frühen 80er-Jahren kennt und liebt. Der britische Programmierer Graham Axten kommt ursprünglich aus der Sinclair-Welt und kaufte erst 1990 seinen ersten C64. Obwohl sich dessen große Zeit bereits dem Ende zuneigte, erwarb Axten Programmierkenntnisse und schrieb in den 90er-Jahren das eine oder andere Spiel für den eigenen Gebrauch.

Eine ältere Fassung von The Bear Essentials verbreitete Axten bereits vor einigen Jahren, es folgte eine Preview-Version und 2017 endlich die kommerzielle Veröffentlichung. Die norwegische Pixelkünstlerin und Grafikerin

Vanja Utne steuerte schöne Illustrationen bei, für die nette, aber nicht atemberaubende Musik sorgte Axten selbst.

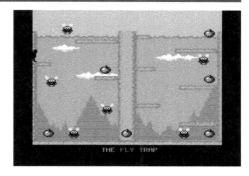

THE FLY TRAP

Solides Präzisionsspiel

Das Spiel ist kein technisches Meisterwerk, macht aber von Anfang an viel Spaß. Dafür sorgen die nicht zu brutale Schwierigkeitskurve und die äußerst gelungene Stimulation des Sammeltriebs. Da man immer sieht, wie viele Äpfel noch fehlen, dazu sogar eine Karte einblenden kann, verliert man sich nie in einem undurchdringlichen Labyrinth, sondern kann die Futtersuche zielgerichtet und systematisch organisieren und dabei den Weg durch die verschiedenen Abschnitte des Waldes kennenlernen.

HIGH AND LOW

Scrolling gibt es keines, man geht und springt in freier Reihenfolge von Bildschirm zu Bildschirm. An Gegnern werden allerlei Insekten, Spinnen, Vögel, Nagetiere und sonstige Waldbewohner aufgeboten, später wird es, passend zum jeweiligen Level-Thema, etwas abwechslungsreicher. Es sind nie sehr viele Objekte am Bildschirm, das Spiel bietet keine mörderische Action. Präzision beim Springen ist wichtiger als schnelle Reaktion. Über den Erfolg eines Apfeleinsammelmanövers bestimmt oft die Bereitschaft, ein wenig Geduld aufzubringen, bis die Widersacher weit genug entfernt sind, damit der Sprung nicht misslingt und ein Leben verloren geht.

MID STALK

Die Nahrungssuche entwickelt sich im späteren Verlauf des Spiels zu einer Reise in die Heimcomputervergangenheit. Irgendwann dringt Herr Bär tief genug in ein verlassenes Bergwerk vor, um die sagenumwobenen Sinclair-Gewölbe zu erreichen. Darüber soll an dieser Stelle nicht mehr verraten werden.

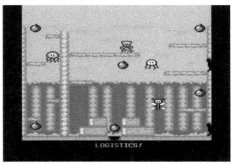

LOGISTICS!

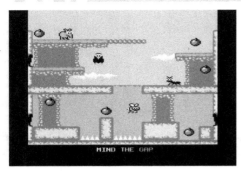

MIND THE GAP

ON THE ROCKS

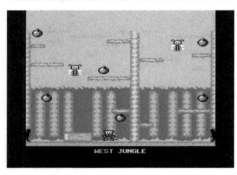

WEST JUNGLE

TUMMIES RUMBLING
AND ENERGY LOW,

BEAR AND HIS FAMILY
ARE WITHOUT FOOD IN THE SNOW.

350 Äpfel machen viel Arbeit

In jedem der zahlreichen Levels ist ein Extra-leben zu holen. Im Pause-Modus gibt es eine Karte zu sehen, die auch verrät, ob bereits sämtliche Äpfel eines Bildschirms eingesammelt wurden. Die Reihenfolge, in denen die Bildschirme und Levels absolviert werden, ist frei wählbar. Um die Übersicht nicht zu verlieren, empfiehlt es sich, Bildschirme durch das Einsammeln aller verfügbaren Äpfel zu komplettieren. Dann erhalten sie in der Übersichtskarte eine andere Farbe, und ein akustisches Signal ertönt.

Continues gibt es beim Passieren bestimmter Punkte im Spiel, an denen nach dem Verlust eines Lebens weitergespielt werden kann. Sind alle Leben weg, bleiben die gesammelten Früchte erhalten, solange man über Continues verfügt. Das ist bei einem Spiel, in dem 350 Objekte gesammelt werden müssen, keine schlechte Idee!

Neben relativ bescheidenen Soundeffekten gibt es verschiedene Musikstücke, die sehr einfach gehalten sind und im Pause-Modus auch abgeschaltet werden können. Ähnliches gilt auch für die Grafik: Die Sprites sind sehr einfach animiert, die Bildschirme nicht allzu abwechslungsreich gestaltet. The Bear Essentials ist kein grafisches Meisterwerk, aber die Optik ist ansprechend genug, um dem Spielvergnügen keinen Abbruch zu tun.

Die Steuerung, die in diesem Genre wesentlich über die Qualität eines Spiels entscheidet, ist äußerst präzise und reaktionsschnell, auch bei der Kollisionsabfrage gibt es keinen Grund zu klagen. Die gegnerischen Sprites – meist Waldbewohner, die dem Bären die Äpfel nicht gönnen – sind ebenso wie der Bär selbst nicht aufwendig animiert, aber dennoch nett anzusehen. Meist bewegen sie sich in einfachen und berechenbaren Mustern und können übersprungen werden. Auf die Gegner zu springen führt hingegen zu einem Lebensverlust. Springen und Ausweichen ist also das Mittel, um an die Äpfel zu kommen. Wer geduldig wartet, bis die Gegner weit genug entfernt sind, kann meist ohne allzu große Gefahr und mit einfachen Sprüngen zum Ziel kommen.

An manchen Stellen erhält man ein Passwort, mit dem man beispielsweise auf schnellem Wege das geheimnisvolle Bergwerk erreichen kann, wenn man es einmal gefunden hat. Dort gibt es dann unendliche viele Continues, was eine nette Geste des Programmierers ist, um ein frustrierendes Scheitern knapp vor dem letzten Apfel zu vermeiden.

Schönes Spiel, schöne Verpackung

Der schön gemachten Kauf-Edition von pondsoft – eine unübersehbare Anspielung an Ocean – liegen neben der Diskette mit sehr schön produziertem Label und bedruckter Hülle ein kleines Anleitungsheft, einige Aufkleber, eine Bärenpostkarte und zwei Sammelkarten bei. Die Diskette enthält neben dem Spiel noch die kostenlos erhältliche Urfassung und eine Preview-Version des Spiels sowie ein an Donkey Kong angelehntes Minispiel namens Super Bonkey Kong mit vertauschten Rollen, in dem man als Affe eine Horde heranstürmender Marios mit Fässern davon abhalten muss, das Gerüst zu erklimmen. ∎

Infos

The Bear Essentials
Pond Software, 2017
http://www.protovision.de
The Bear Essentials gibt es bei Protovision:
Boxed Edition (Diskette, Handbuch, Goodies):
15.- Euro

Download-Version
http://pondsoft.uk/bear.html
Die 2016-Version kann kostenlos heruntergeladen werden, die Kaufversion ist derzeit vergriffen.

Neues Spiel von Lasse Öörni

Steel Ranger (C64)

Der Finne Lasse Öörni, auch bekannt unter dem Pseudonym Cadaver, hat mit seinem Label Covert Bitops schon viele tolle Spiele für den C64 entwickelt, man denke nur an die vierteilige Serie „Metal Warrior" (1999-2003) oder „Hessian" (2016). Glücklicherweise steht mit „Steel Ranger" nun das nächste Spiel bereit.

von Simon Quernhorst

Diesmal hat Lasse alle Bestandteile des Spiels im Alleingang erschaffen: Programm, Grafiken und alle Musikstücke. Zu Beginn des Spiels lässt sich das Spielersprite farblich und namentlich personalisieren und nach erfreulich kurzer Ladezeit beginnt die Story des Spiels. Die Geschichte spielt im Jahr 2218 und wird im Spiel durch Interaktion mit nicht spielbaren Charakteren weitererzählt. In bewährter Manier der eingangs erwähnten Spiele kämpft man sich durch eine feindliche Welt voller Gefahren und sucht hauptsächlich nach verschiedenen Pässen mit griechischen Buchstaben, die Zutritt zu weiteren Arealen der riesigen Spielwelt erlauben. Glücklicher-

weise erstellt das Spiel automatisch eine Übersichtskarte, so dass man zumindest grob die Richtung zu anderen Bereichen einsehen kann.

Der eigene Kampfanzug kann um zusätzliche Waffensysteme erweitert sowie durch Zusatzfunktionen und Upgrades verbessert werden. Dazu gibt es verschiedene Stellen, an denen mit der spieleigenen Währung „Parts" eingekauft werden kann. Dies ist auch bitter

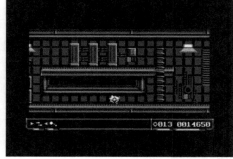

nötig, denn manche Gegner und besonders die großen Bosse machen einem das Leben in der Zukunft mächtig schwer und erfordern individuelle Taktiken.

Die Steuerung ist hervorragend gelungen und bietet trotz des einzigen Feuerknopfs komplexe Möglichkeiten, inklusive Waffenwechsel, Springen, Ducken, und Einsammeln von Objekten. Manche Bereiche lassen sich nur erreichen, indem man sich zunächst in ein Rad verwandelt – Turrican und Metroid lassen grüßen. Am Ende des Spiels wird angezeigt, wieviel Prozent man von der Spielwelt entdeckt hat. Dies motiviert auch nach dem Durchspielen noch zu weiteren Entdeckungsrunden. Beispielsweise hat der Rezensent das Spiel in knapp vier Stunden durchgespielt und dabei 93% erkundet.

Das Spiel wird seit dem 27.01.2018 von Psytronik in drei Versionen verkauft: die „Budget Disk" bestehend aus Diskette und Anleitung, die „Premium Plus Disk Edition" enthält zusätzlich eine Plastikbox und schließlich die „Collector's Edition" mit zusätzlicher Soundtrack-CD, Aufklebern und anderen Beigaben. Videos und ein spielbares Preview sind kostenlos auf der Psytronik-Website verfügbar.

Und wem das Spiel trotz der auswählbaren Schwierigkeitsgrade, der Möglichkeit des Speicherns und der Nutzung von Continues trotzdem noch zu schwer ist, der kann im Titelbildschirm „VOLOS" eingeben. Zur Bestätigung blinkt das Logo kurz auf und man verliert nun keine Energie mehr.

Fazit: Grafik, Sound und Gameplay sind spitze – unbedingt spielen! ■

Infos
Covert Bitops: https://cadaver.github.io/ Psytronik: http://www.psytronik.net/newsite/index.php/ c64/95-steelranger

Glücksmoment: Sam's Journey (C64)

Wechselhafter Sam in dünner Luft

Der C64 wurde in seinen besten Tagen mit so vielen Veröffentlichungen bedacht, dass selbst mit sehr viel Freizeit ausgestattete Spieler kaum den Überblick bewahren konnten. Die Qualität der Spiele variierte, so wie auf jeder anderen Plattform. Es steht aber außer Frage, dass eine große Zahl wirklicher Spieleklassiker exklusiv oder zuerst für den Brotkasten entwickelt wurde. Seinem Ruf als Spielecomputer wurde der C64 in all den Jahren seiner kommerziellen Existenz gerecht. Doch auch nach dem Ende der Unterstützung namhafter Softwarefirmen erblickten immer wieder Spiele das Licht der Welt, die die Userbasis in Erstaunen versetzten.

von Georg Fuchs

Ultima VI war die letzte große US-Veröffentlichung, das bemerkenswerte und meisterhaft umgesetzte Spiel erschien 1990 auf stolzen sechs Disketten. 2001 erschien nach zehn Jahren Entwicklungszeit Newcomer, ein Rollenspiel auf nicht weniger als 14 Diskettenseiten. Actionlastiger war der Platformer Mayhem in Monsterland, 1993 in Großbritannien von John und Steve Rowlands unter dem Namen „Apex Computer Productions" veröffentlicht, er war die Antwort der C64-Welt auf Super Mario Bros. und Sonic the Hedgehog. Das Spiel wurde begeistert aufgenommen und erhielt von der Presse Bewertungen von bis zu 100 %. Viele betrachteten es als die letzte herausragende Spieleveröffentlichung für den C64.

Die Produktion von Spielen für den C64 kam nie zum Erliegen. Zwar schwankt die

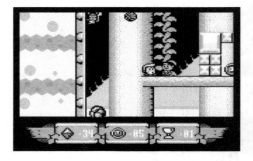

Qualität der zahlreichen jährlich veröffentlichten Spiele beträchtlich, **das war** aber auch nicht anders, als der C64 die Spielewelt dominierte. Was lange Zeit fehlte, waren herausragende Titel, wie sie auch schon in den 80er-Jahren mit beträchtlichem Aufwand produziert worden waren. Mangels kommerzieller Perspektiven entstanden fast alle der besten Spiele der vergangenen Jahre als reine Hobbyprojekte, und selbst ein Spiel, das sich für C64-Verhältnisse gut verkauft, kann kaum einen Erlös erzielen, der die Entwicklungszeit und all die anderen damit verbundenen Aufgaben auch nur annähernd widerspiegelt.

Ein großer Wurf

Umso überraschender, dass kurz vor Ende des Jahres 2017 ein Spiel auf die C64-Welt losgelassen wurde, das nicht nur nach den wohlwollenden Maßstäben der Retro-Fans einen großen Wurf darstellt, sondern das in jeder Hinsicht überzeugen kann, wie es die besten Titel in der besten Zeit des C64 getan haben. Das war stets dann der Fall, wenn es wieder einmal gelungen ist, noch schönere Grafiken und Animationen, noch schnelleres Scrolling, noch mehr Sprites auf den Bildschirm zu zaubern, als man vorher für möglich gehalten hätte. Sam's Journey schafft dieses Kunststück ungefähr ein Vierteljahrhundert, nachdem der letzte C64 die Produktionsstätte verlassen hat. Hinter dem Spiel stecken die wohlbekannten Knights of Bytes rund um Gründer Chester Kollschen, die andere bekannte Titel aus der jüngeren C64-Geschichte verwirklichten: Ice Guys (1997), Bomb Mania (1997) und den SuperCPU-Shooter Metal Dust (2005). An Sam's Journey waren außer Stefan Gutsch (Grafik, Leveldesign) und Alex Ney (Soundtrack) viele weitere bekannte Namen aus der deutschen C64-Szene beteiligt, deren Zusammenarbeit wir eines der schönsten C64-Spiele aller Zeiten verdanken.

Sogar das „beste C64-Spiel aller Zeiten" wurde Sam's Journey genannt. Ob das stimmt, liegt natürlich im Auge des Betrachters, aber unter den Spielen, die für den Commodore 64 veröffentlicht wurden – häufig zitierte Schätzungen liegen zwischen 10.000 und 25.000 Titeln – thront es zweifellos ganz am Gipfel, wo die Luft dünn ist und nur wenige große Titel nebeneinander stehen können.

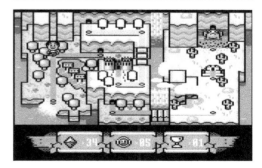

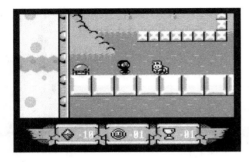 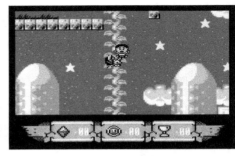

Action ohne Frust

Wie viele andere herausragende C64-Titel ist Sam's Journey auch in technischer und kreativer Hinsicht eine große Leistung. Zwar kann man sich Grafik und Sound auch in einem Ende der 80er-Jahre erschienenen Spiel vorstellen, doch was Sam's Journey von den vielen Weltklasse-Platformern abhebt, die es für den Commodore 64 gibt, ist die Implementierung von Gameplay-Elementen, die damals noch unbekannt oder zumindest unüblich waren. Dazu zählen Anleihen aus bekannten Konsolenspielen aus dem Hause Nintendo, durch die Sam's Journey nie frustrierend oder unübersichtlich wird.

Am Beginn des Spiels findet sich Sam auf einer großen Insel – die Hintergrundgeschichte dazu wird im Spiel gezeigt. Eine hübsch gezeichnete Karte verschafft uns einen Überblick, sie liegt dem Spiel auch in gedruckter

Form bei. Schnell wird deutlich, dass es sich um ein großes Spiel handelt, denn die Levels, die auf der Karte zu sehen sind, sind groß und zahlreich. Auf den Bildschirm passt nur ein Drittel der gesamten Karte, die drei Abschnitte zeigen die Lowlands, die Midlands und die Highlands. Insgesamt gibt es 30 Levels, und jedes davon ist ein kleines Universum für sich, mit wunderschön scrollenden Hintergründen und hervorragend animierten Gegnern.

Sam ist ein klassisches Jump 'n' Run-Spiel, in dem man auf viele bekannte Elemente stößt: Sprungpassagen, Trampoline, bewegliche Plattformen, Schalter, Türen, Kanonen, Eulen und Wespen, Münzen und Edelsteine.

Der siebenfache Sam

Sam kann laufen, springen, Gegenstände aufnehmen, klettern, schwimmen und sich verwandeln, ohne je auf die Tastatur zurückzugrei-

fen zu müssen. Was bei vielen Konsolenspielen zu abenteuerlichen Fingerverrenkungen führen würde, wird in gewohnter C64-Manier am Joystick mit einem einzigen Feuerknopf ausgeführt.

Während sich Sam durch die Levels tastet, findet er immer wieder Kostüme in unterschiedlichen Farben. Diese Kostüme verleihen ihm besondere Fähigkeiten und Outfits. Ninja Sam kann Schächte und Wände hochklettern, Pirate Sam hat einen Säbel, mit dem er Feinde attackieren oder abwehren kann, Pitcher Sam kann Felsblöcke und Kisten weit und gezielt schleudern und außerdem auf Eis gehen, ohne zu rutschen. Disco Sam kann mit Hilfe seiner Hüftdrehung weiter und höher springen, Space Sam hat ein Jetpack, mit dem er Doppelsprünge ausführen kann. Zu guter Letzt gibt es noch Vampire Sam, der sich in eine Fledermaus verwandeln und kurze Strecken fliegen kann.

Ständige Neustarts nach dem Verlust der Leben bleiben dem Spieler erspart, da Sam nicht nur über Checkpoints verfügt, an denen das Spiel nach dem Verlust eines Lebens fortgesetzt werden kann, sondern auch die Möglichkeit bietet, Spielstände zu speichern. Die getestete Modul-Version ist so schnell, dass die Ladezeiten kaum auffallen.

Daneben gibt es übersichtliche Statistiken über noch einzusammelnde Gegenstände, einen abwechslungsreichen Soundtrack, großartig und anspruchsvoll gestaltete Levels, extraweiches Scrolling, geheime Passagen und unzählige andere Dinge, von denen man zwar viele schon irgendwann, irgendwo gesehen hat, aber nicht auf dem C64, zumindest nicht alle auf einmal! Ein besonderes Lob verdient die Idee, Sam mittels Verkleidungen neue Fähigkeiten zu spendieren. Das ist nicht nur ein origineller und für C64-Verhältnisse äußerst

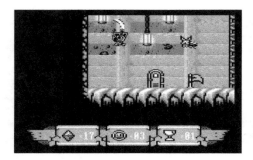

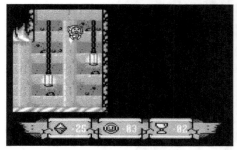

aufwendig umgesetzter Gag (immerhin gibt es insgesamt sieben Varianten von Sam), sondern verleiht dem Spiel genre-untypische taktische Variationen, da durch die unterschiedlichen Fähigkeiten oft mehrere Lösungsansätze möglich sind. Kollidiert ein verkleideter Sam mit einem Gegner, geht nur die Kostümierung (und somit die Spezialfähigkeit) verloren, das Leben bleibt jedoch erhalten.

Schatzkiste

Die professionell gestaltete Box enthält, je nachdem, für welche Version man sich entschieden hat, neben den beiden Disketten bzw. dem Modul eine gut gemachte englischsprachige Anleitung, Karten mit Sam in all seinen Inkarnationen, eine Überblicks-Weltkarte und eine Schatzkiste. Darin sind blaue „Edelsteine" enthalten, wie sie auch im Spiel eingesammelt werden müssen.

Ende März 2018 waren bereits nicht weniger als 1250 Exemplare des Spiels verkauft. Für ein C64-Spiel ein atemberaubender Erfolg. Bleibt zu hoffen, dass weitere Spiele dieser Qualität folgen. Damit wir wieder träumen dürfen, welch ungeahntes Potenzial noch in unseren guten alten Commodore-Rechnern steckt.

Sam's Journey ist das C64-Spiel, auf das ich ewig gewartet habe. Es nützt die technischen Möglichkeiten des 8-Bit-Computers auf erstaunliche Weise aus, beschränkt sich aber nie auf technische Prahlereien, sondern legt den Schwerpunkt auf gutes Gameplay und frustfreie Unterhaltung, ohne es dem Spieler zu leicht zu machen. Das macht das Spiel der Knights of Bytes zu einem Meilenstein in der langen Geschichte des C64. Hoffentlich nicht zum letzten. ∎

Infos

Knights of Bytes
https://www.knightsofbytes.games/
samsjourney
Sam's Journey kaufen
https://www.protovision.games/shop/product_
info.php?products_id=199&language=de

Die Diskettenfassung gibt es ab 45 Euro, das Modul ab 55 Euro, je nach Ausstattung. Gegen Aufpreis kann man Poster und Soundtrack-CD erwerben. Das Image für Emulatoren gibt es zu jeder erworbenen Version als Download. Von Sam's Journey existiert auch eine spanische Version.

Musikecke

Hier spielt die Chipmusik

Welche aktuellen Releases lohnen den Download? Steffen Große Coosmann nimmt euch die Suche nach guten Tunes ab!

Neues von OverClocked ReMix

Mit „Resonance of the Pure Land" veröffentlicht das Videospielremix-Projekt ein geballtes Werk zum RPG-Klassiker Secret of Mana mit über 30 Tracks.
Download: ocremix.org/album/84/secret-of-mana-resonance-of-the-pure-land

Auf Rennspielfans wartet die Compilation „VROOM: Sega Racing" und präsentiert Remixe der Spiele Daytona USA, Indy 500, Metropolis Street Racer, NASCAR Arcade, OutRun, Sega Rally Championship und Virtua Racing Deluxe.
Download: ocremix.org/info/VROOM:_Sega_Racing

Gruber – J.S. Bach's Two-Part Inventions

Sämtliche 15 Inventionen von Johann Sebastian Bach, nachgespielt in der Soundengine der virtuellen Spielekonsole Pico8.
Download: gruber99.bandcamp.com/album/j-s-bachs-two-part-inventions
Preis: 2,61 €

Azureflux – Bit Bops

Abwechslungsreiche Game-Boy-Klänge, mal schnell, mal langsam.
Download: azuresound.bandcamp.com/album/ bit-bops

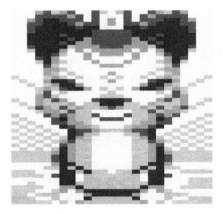

Zorro – Zario

Etwas härter geht es hier zu. Zorro mischt knackigen Dubstep mit Chiptunes und Videospielsounds.
Download: zorro.bandcamp.com/album/zario

Robotprins – Robotprins Plays Guitar

Melodiöse NES-Klänge mit elektrischen Gitarren.
Download: robotprins.bandcamp.com/album/ robotprins-plays-guitar
Preis: 5,40 €

Chiplove - Brocarina Of Time

Mini-EP mit Zelda-Remixen vom Gameboy des Chiplove getauften Trios, bestehend aus den deutschen Künstlern Vault Kid, Triac und Klirre.
Download: chiplove.bandcamp.com/album/ brocarina-of-time

V. A. – Summer of SID

C64-Tunes und -Remixe für die sommerliche Grillparty mit Romeo Knight, 8 Bit Weapon und vielen mehr.
Download: c64audio.com/pages/summer

PUTOCHINOMARICÓN – Corazón De Cerdo Con Ginseng Al Vapor

Schwungvoller Elektropop aus Mexiko, gesungen auf Spanisch.
Download: newadventuresinpop.bandcamp.com/ album/corazo-n-de-cerdo-con-ginseng-al-vapor
Preis: 4,99 €
matthewsquibb.bandcamp.com

mukuchi – deep (sea) learning

Entspannte Lo-Fi-Musik zum Träumen mit japanischen Vocals. Gespielt auf Kinderinstrumenten und nicht immer harmonisch...
Download: mukuchi.bandcamp.com/album/deep-sea-learning
jellica.bandcamp.com

Louie Zong – levels

Beschwingte Videospielmusik für ein fiktives Spiel namens Fuji Apple. Dieses basiert auf einem Animationskurzfilm des Musikers und Storyboard-Artists.
Animationsfilm „The Legend of Fuji Apple":
youtu.be/qypywqNfH1o
Download des Albums: louiezong.bandcamp.com/ album/levels
evilwezil.bandcamp.com

Retro-Portale im Visier

Der mutmaßliche Betreiber der Retro-Portale LoveRoms. com und LoveRetro.co hat kürzlich Post von den Anwälten von Nintendo erhalten. Das Unternehmen will den Macher vor Gericht auf Schäden in Millionenhöhe verklagen. Auf beiden Webseiten wurden Spiele und Emulatoren für diverse Spielkonsolen zum Download angeboten. Theoretisch könnte der Kläger vor Gericht bis zu 100 Millionen US-Dollar Schadenersatz erhalten.

von Lars „Ghandy" Sobiraj

Die Nintendo of America Inc. geht gerichtlich gegen Jacob Mathias und seine Firma Mathias Designs L.L.C. aus Arizona vor, weil das Unternehmen für den Betreib von zwei Download-Portalen verantwortlich sein soll. Diese bieten den Zugang zu unzähligen urheberrechtlich geschützten Spielen für das MSX, NES, N64, Atari Jaguar, Nintendo DS, GBA, GBC, SNES und viele andere Spielkonsolen der letzten Jahrzehnte an.

Bei Facebook hat LoveROMs über 18.000 Fans. Laut Similarweb werden dort bis zu 60 Millionen Seitenzugriffe monatlich generiert, bei LoveRetro.co sind es nur 240.000 Page Impressions.

Wegen der Verletzung des Marken- und Urheberrechts soll sich schon bald der Beklagte vor dem Bundesgericht in Arizona verantworten. In der Klage wird dem Mann vorgeworfen, die massenhafte Verbreitung der Spiele und des geschützten Betriebssystems diverser Nintendo-Geräte zu verbreiten. Außerdem werden auf den beiden Webseiten LoveRoms.com und LoveRetro.co die markenrechtlich geschützten Logos und diverse Spielfiguren dargestellt. Weder bei Sega, Sony oder Nintendo habe man dafür eine Erlaubnis eingeholt.

Sind 100 Millionen US-Dollar Schadenersatz für Nintendo gerechtfertigt?

In der Klage halten die Anwälte fest, der Beklagte sei kein gelegentlicher Spieler. Der Mann besitze ein enormes Wissen über die die Spieleindustrie im Speziellen und im Allgemeinen über die Urheberrechte. Dagegen werde tagtäglich verstoßen.

Bei der Verletzung des Copyrights von 140 Spieltiteln und des Markenrechts in 40 Fällen könnte Nintendo im Extremfall bis zu 100 Millionen US-Dollar Schadenersatz fordern. Das Unternehmen fordert außerdem die Beschlagnahmung der Domains und die Einstellung der illegalen Aktivitäten der beiden Retro-Portale. Zudem verlangt man von Jacob Mathias, er solle die Quelle der Spiele-ROMs offenlegen, um auch diese juristisch zu belangen.

Bildquelle (für alle Abbildungen auf dieser Doppelseite): nintendo.at

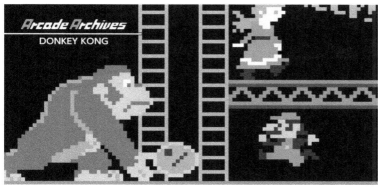

■ Nintendo wehrt sich gegen die Verbreitung seiner Spiele, die sich ungebrochener Beliebtheit erfreuen. Der Klassiker Donkey Kong wird sogar auf der aktuellen Switch-Konsole zum (kostenpflichtigen) Download angeboten.

GitHub: Nintendo lässt Browserspiele löschen

Auf GitHub wurden bis Juli 2018 einige GameBoy-Advance-Titel als Browserspiele angeboten. Die Rechtsabteilung von Nintendo ließ kürzlich auf der Programmier-Plattform löschen, was ihre Rechte verletzt hat. Bislang ist unklar, ob man auch gegen die Macher der Umsetzungen juristisch vorgehen will.

Die Rechtsabteilung des japanischen Spieleherstellers war mit der Verbreitung ihrer GBA-Spiele als Browser-Games in Form von JavaScript nicht einverstanden. Betroffen waren beispielsweise mehrere Titel der Spiele-Serien Pokémon, F-Zero, Super Mario, nebst einzelnen Titeln wie Donkey Kong, Legend of Zelda und viele mehr. Nintendo schrieb, dass man überlegt, rechtlich auch direkt gegen die Programmierer der Browsergames vorzugehen. Allerdings werde man dies nicht an dieser Stelle bekannt machen.

Die Browserspiele wurden online auf https://jsemu3.github.io/gba/ angeboten. Microsoft als Betreiber von GitHub hat schnell reagiert und die Dateien gesperrt. Bei GitHub wurden von Nintendo schon häufiger Dateien bemängelt. Die Spiele tauchten dort und anderswo kurze Zeit später unter anderem

Namen wieder auf. Die Aktion war also (wie üblich im Internet) von keinem bleibenden Erfolg.

Retro-Portale reagieren auf Klage von Nintendo

Dafür hat die Klage bei LoveRetro.co für einen kompletten Shutdown der Seite gesorgt. Man hofft die aktuellen Probleme geregelt zu bekommen. Bei der Schwesterseite LoveRoms.com wurden alle Dateien von Nintendo entfernt, um der Gegenseite den Wind aus den Segeln zu nehmen. Dies wurde auch bei Facebook angekündigt. Weitere Details will man angeblich später bekannt geben, heißt es dort.

Einige User bemängelten, dass die Games teilweise als kostenpflichtiges Monats-Abo angeboten wurden. Da fehle ihnen trotz der maximalen Schadenersatzforderung von 100 Millionen Dollar das „Mitleid". Natürlich dürfte diese Form der Monetarisierung auch vor Gericht eine entscheidende Rolle spielen. Das geschützte Material Dritter auf monatlicher Basis zu verkaufen, obwohl man keinerlei Rechte daran besitzt, beinhaltet eine größere kriminelle Energie, als die Besucher der Webseiten mit Werbung zu überschütten. Letzteres war bzw. ist ja leider auch der Fall. ■

21.11.2017

Jugendschutz oder unbezahlbare Werbung? Die verbotenen Spiele der 1980er-Jahre: http://derstandard.at/2000068160166/ Sittliche-Gefaehrung-Die-verbotenen-Spiele-Games-der-1980-Jahre

---

26.11.2017

Neuer, pixel-exakter Emulator in Java: Z64K emuliert C128, C64, VC-20 und Atari 2600. http://www.z64k.com/

Nogalious ist ein Retro-Platformer für Windows, der per Kickstarter finanziert wurde. Zusätzlich gibt es Versionen für MSX, Amstrad, Sinclair Spectrum und C64. https://www.luegolu3go.com/

Trauer um Franco Campana – „Pronto Salvatore": RTLs Hütchenspieler ist tot. https://www.dwdl.de/nachrichten/64465/ pronto_salvatore_rtls_htchenspieler_ist_tot/

28.11.2017

Web-Quiz: Wie viel Schilling kosteten die Computer der 80er-Jahre? http://derstandard.at/2000068346816/ Web-Quiz-Wieviel-Schilling-kosteten-die-Computer-der-80er-Jahre

---

Für die im November 2017 angekündigte Atari-Konsole auf Linux-Basis wurde ein Controller vorgestellt. http://www.omgubuntu.co.uk/2017/11/ ataris-linux-games-console-now-controller

Zehn Jahre Icaros Desktop: http://vmwaros.blogspot.de/2017/11/10-years-of-icaros-desktop.html

---

Ein Amiga 500 bekommt eine Grafikkarte spendiert: https://amigadventures.tumblr.com/ post/167815579202/adding-a-graphics-card-to-the-amiga-500

Ein Apple Power Macintosh G5 aus dem Jahr 2003 in Aktion:

http://women-and-dreams.blogspot.
de/2017/11/apple-power-macintosh-g5-
flame-on.html

DEZEMBER 2017

03.12.2017
Das C64-Spiel Modulot II wurde veröffentlicht.
http://csdb.dk/release/?id=160647

09.12.2017
Der Arcade-Shooter Luftrauserz, eine
C64-Konvertierung des Indie-Spiels Luftrau-
sers (2014), kann für 4,99 US-D heruntergeladen werden. NTSC wird nicht unterstützt.
https://rgcddev.itch.io/luftrauserz

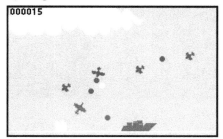

Die inoffizielle „Ultimate"-Version des C64-
Spiels International Karate für EasyFlash wurde veröffentlicht. Sie bietet neue Hintergrund-
bilder, Dual-SID-Unterstützung und einen
neuen Zweispielermodus.
http://csdb.dk/
release/?id=160698&show=review

Die letzten Reste von MOS Technology, Inc.:
https://imgur.com/a/KhlIr

Merry Xmas 2017, ein Weihnachts-„Jump'n'
Ride"-Spiel für OCS-Amiga:
https://www.forum64.de/index.
php?thread/78577-merry-xmas-2017-amiga-
ocs-spiel/&postID=1207979#post1207979

12.12.2017
Wenn ein 18-Jähriger einen IBM z890 kauft:
https://www.youtube.com/
watch?v=45X4VP8CGtk

Kreativ: Wir gestalten eine Weihnachtskarte
mit einem IBM-1401-Großrechner (1959-
1971):
http://www.righto.com/2017/12/creating-
christmas-card-on-vintage-ibm_7.html

Doctor Ludos erklärt, wie er das Game-
Boy-Spiel „Sheep It Up!" (2017) entwickelt hat.
https://www.gamasutra.com/blogs/
DoctorLudos/20171207/311143/Making_a_
Game_Boy_game_in_2017_A_quotSheep_It_
Upquot_PostMortem_part_12.php

19.12.2017
ScummVM 2.0 wurde veröffentlicht. Die neue Version unterstützt 23 weitere Spiele, darunter viele Sierra-Adventures.
https://www.scummvm.org/news/20171217/

Wie ein NES-Nachbau Geburtshilfe für den russischen Konsolenmarkt geleistet hat.
http://www.eurogamer.net/articles/2017-12-17-how-a-counterfeit-nes-console-opened-up-the-russian-games-market

Zahlen, bitte! 556 Videospiele in Deutschland auf dem Index:
https://www.heise.de/newsticker/meldung/Zahlen-bitte-556-Videospiele-in-Deutschland-auf-dem-Index-3920875.html

23.12.2017
Per Crowdfunding wird die Veröffentlichung des C64-Textadventures Escape From London in Angriff genommen.
https://www.kickstarter.com/projects/943668967/commodore-64-adventures-series

Reportage über die südchinesische Metropole Shenzhen, die auch das „Silicon Valley für Hardware" genannt wird. Der Name der selbstgebastelten „Shanzhai"-Produkte leitet sich von einer Robin-Hood-Sage ab, in der sich Outlaws in die Berge zurückziehen, um vor dem Gesetz zu fliehen. Das spielt auf die unter diesem Titel gefertigten nicht lizensierte Produkte, Produktfälschungen und Plagiate an.
http://orf.at/stories/2419911/2419494/

Søren Trautner Madsen arbeitet an einer Umsetzung von Limbo für den C64. Es könnte „das beste C64-Spiel" werden, mutmaßt Kotaku, werde aber nicht vor 2024 fertig.
https://kotaku.com/limbo-could-become-the-commodore-64s-best-game-1821554957

24.12.2017
Games That Weren't stellte in einem großen Update weitere Titel vor, die 2017 entdeckt wurden, darunter eine C64-Version von Q*Bert's Qubes und viele andere verloren geglaubte Schätze.
https://www.gamesthatwerent.com/2017/12/games-that-werent-christmas-update-2017/

Ein Programm zum automatischen Auslesen der Uhrzeit der 1541 Ultimate innerhalb von GEOS:
https://www.forum64.de/index.php?thread/78878-1541u-uhrzeit-aus-rtc-in-geos-auslesen-per-autoexec/

Das C64-Spiel „Sam's Journey" der Knights of Bytes wurde veröffentlicht. Eine Besprechung gibt es in dieser Ausgabe von Lotek64.

https://www.knightsofbytes.games/
samsjourney

31.12.2017
Ausgabe #101 des C64-Diskmags Digital Talk
wurde veröffentlicht.
http://nemesiz4ever.de/digitaltalk/Digital_
Talk_101

JANUAR 2018

02.01.2018
Ein Modder spendiert Super Mario 64 eine
First-Person-Perspektive, mit der sich das Spiel
ganz neu entdecken lässt.
http://derstandard.at/2000071333820/
Klassiker-neu-entdecken-Modder-spendiert-
Super-Mario-64-Egoperspektive-Modus

Quiz: Vergessene Technologien: Erinnern Sie
sich noch?
http://derstandard.at/2000047176312/
Vergessene-Technologien-Erinnern-Sie-sich-
noch

Wobei 40 Jahre alte Rechner schneller als aktuelle PCs sind:
http://derstandard.at/2000071270078/
Warum-40-Jahre-alte-Rechner-zum-Teil-
schneller-als-aktuelle https://danluu.com/
input-lag/

Wie der Amiga 500 vor 30 Jahren das Weih-
nachtsgeschäft aufmischte:

http://derstandard.at/2000070318771/
Wie-der-Amiga-500-vor-30-Jahren-das-
Weihnachtsgeschaeft-aufmischte

Apple will Quellcode für Mac-Vorgänger Lisa
freigeben.
http://derstandard.at/2000071114871/
Apple-will-Source-Code-fuer-Mac-Vorgaenger-
Lisa-freigeben

03.01.2018
Ein Amiga 1000 bekommt ein seltenes Pho-
enix-Motherboard spendiert:
https://amigalove.com/viewtopic.
php?f=6&t=476

07.01.2018
Starfysh, ein neuer C64-Shooter, wurde veröffentlicht.
http://csdb.dk/release/?id=161045
http://www.lemon64.com/forum/viewtopic.
php?t=66526

Spooky, ein leider nie fertig gestelltes C64-
Spiel, könnte weiterentwickelt werden, der
Programmierer braucht aber Motivation und
Unterstützung.
https://www.gamesthatwerent.com/gtw64/
spooky/
http://csdb.dk/release/?id=161194

Hessian, ein umfangreiches C64-Spiel von Lasse Öörni, Schöpfer der Metal-Warrior-Reihe, wurde von Psytronik veröffentlicht und kann kostenlos heruntergeladen werden.
https://psytronik.itch.io/hessian

09.01.2017
Xerox Alto: Forscher finden Sicherheitslücke in 45 Jahre altem System.
http://derstandard.at/2000071704449/
Xerox-Alto-Forscher-finden-Sicherheitsluecke-in-45-jahre-altem-System

Retro-Trend: Panasonic stellt zwei neue Technics-Plattenspieler vor.
http://derstandard.at/2000071751709/Retro-Trend-Panasonic-stellt-zwei-neue-Technics-Plattenspieler-vor

Die Untersuchung einer Komponente eines IBM-Großrechners aus dem Jahr 1954 ergibt, dass es sich um eine Vorrichtung zur Entprellung der Tastatur hendelt.
http://www.righto.com/2018/01/examining-1954-ibm-mainframes-pluggable.html

10.01.2018
Die 20-Jährige Fractal Tetris Huracan will „Tetris" heiraten.
http://derstandard.at/2000071837691/20-Jaehrige-will-Game-Tetris-heiraten

Der Informatik-Papst Donald E. Knuth wird 80.
https://www.heise.de/newsticker/meldung/Donald-E-Knuth-Der-Informatik-Papst-wird-80-3936496.html

Eine mechanische Version von Pong wurde mit Hilfe von Magneten gebaut:
https://www.heise.de/newsticker/meldung/Atari-Pong-in-mechanisch-Magnete-machens-moeglich-3937574.html

11.01.2018
Game Boy Ultra: Der Nintendo-Klassiker soll demnächst seine Rückkehr feiern.
http://derstandard.at/2000071872553/Game-Boy-Ultra-Hyperki

Vor 20 Jahren begann die Bluetooth-Ära.
https://www.heise.de/newsticker/meldung/Vor-20-Jahren-begann-die-Bluetooth-Aera-3938211.html

ESP emuliert Apple I kabellos auf dem Fernseher.
https://www.heise.de/make/meldung/ESP-emuliert-Apple-I-kabellos-auf-dem-Fernseher-3938694.html

14.01.2017
Iceblox Plus und Minecave, zwei neue C64-Spiele:

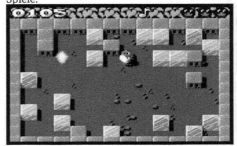

Iceblox Plus:
http://csdb.dk/release/?id=161348
Minecave:
http://www.lemon64.com/forum/viewtopic.php?t=66719

16.01.2018
Der verschollene NES-Prototyp von SimCity ist aufgetaucht.
https://arstechnica.com/gaming/2018/01/see-the-long-lost-nes-prototype-of-simcity/

Was geschah wirklich mit Windows Vista?
https://hackernoon.com/what-really-happened-with-vista-4ca7ffb5a1a

Wie man im Jahr 2018 Disketten aus dem Jahr 1988 ausliest:
https://sixcolors.com/post/2018/01/reading-disks-from-1988-in-2018/

Intellimouse Classic: Microsofts beliebte Maus kehrt zurück.
https://www.golem.de/news/intellimouse-classic-microsofts-beliebte-maus-kehrt-zurueck-1801-132184.html

Arcade-Feeling: Retro-Konsole Pandora's Box im Test.
https://www.techstage.de/test/Arcade-Feeling-Retro-Konsole-Pandora-s-Box-im-Test-3935348.html

17.01.2018
35 Jahre Apple Lisa: Legendäre Computerneuheit und gigantischer Flop.
http://derstandard.at/2000072440132/35-Jahre-Apple-Lisa-Legendaere-Computerneuheit-und-gigantischer-Flop

„Theme Hospital"-Macher enthüllen das neue Spiel „Two Point Hospital".
http://derstandard.at/2000072453386/Theme-Hospital-Macher-enthuellen-neues-Game-Two-Point-Hospital

Uralter Stoff für BeOS von Scot Hacker:
http://birdhouse.org/beos/byte/

21.01.2018
Twilight Inventory ist ein Buch mit Rezensionen vergessener 8-Bit-Textadventures aus den 1990er-Jahren.
http://8bitag.com/

22.01.2018
Nintendo-Mitarbeiter mussten Nintendo-Games selbst kaufen (zu günstigeren Konditionen).
https://derstandard.at/2000072848315/Nintendo-Mitarbeiter-mussten-Nintendo-Games-selbst-bezahlen

Kleininserate in Spielezeitschriften: Das Darknet der 80er-Jahre.
https://derstandard.at/2000071365518/Kleininserate-in-Spielezeitschriften-Das-Darknet-der-80er-Jahre

Der Wrestler John Cena soll „Duke Nukem" in einer Verfilmung spielen.
https://derstandard.at/2000072822015/
Wrestler-John-Cena-soll-Duke-Nukem-in-Verfilmung-spielen

26.01.2018
Die zehn schlechtesten Spiele aller Zeiten: Schlimmer geht nimmer!
https://derstandard.at/2000051999421/
Die-zehn-schlechtesten-Spiele-aller-Zeiten-Schlimmer-geht-nimmer

---

28.01.2018
Retaliate, ein Spiel für den C64:
https://github.com/lvcabral/retaliate64

Jake the Snake, ein weiteres C64-Spiel:
http://microheaven.com/jake/

Bald auf Netflix zu sehen: The Commodore Story.
http://www.lemon64.com/forum/viewtopic.php?t=66908

Der Grafiker Bob Wakelin ist verstorben.
http://www.lemon64.com/forum/viewtopic.php?t=66823

Das C64-Spiel Pains ‚n' Aches, eine Fortsetzung von Knight ‚n' Grail, wurde veröffentlicht.

http://binaryzone.org/retrostore/
index.php?main_page=advanced_
search_result&search_in_
description=1&keyword=pains

Das C64-Spiel Steel Ranger wurde veröffentlicht. Einen Test gibt es in dieser Ausgabe:
http://binaryzone.org/retrostore/
index.php?main_page=advanced_
search_result&search_in_
description=1&keyword=steel+ranger

Mit Lemmings +15DF veröffentlichen Excess eine Easyflash-kompatible Version des klassischen C64-Spiels, die zahlreiche Verbesserungen enthält.
http://csdb.dk/release/?id=161575

30.01.2018
Der älteste bestehende Videospiel-Rekord wurde aberkannt.
https://www.heise.de/newsticker/meldung/
Wegen-Cheatings-Gamer-verliert-aeltesten-bestehenden-Videospiel-Rekord-3954036.html

---

31.01.2018
Kurzzeitig waren mehrere MS-DOS-Klassiker wie Prince of Persia und Commander Keen kostenlos für Android- Smartphones verfügbar, die Downloads des Entwicklers Obi Dos Applications wurden aber entfernt.
https://derstandard.at/2000073316941/
DOS-Klassiker-Diese-Retrogame-Perlen-gibt-es-fuer-Android

FEBRUAR 2018

01.02.2018
Nach Protesten: Atari-Gründer wird bei Spieleentwickler-Messe GDC Ehrung verweigert.
https://derstandard.at/2000073452426/
Nach-Protesten-Atari-Gruender-wird-bei-GDC-nun-doch-nicht

C64 Mini: C64-Emulator erscheint am 29. März in Deutschland (einen Test gibt es in dieser Ausgabe von Lotek64).
https://www.golem.de/news/thec64-mini-c64-emulator-erscheint-am-29-maerz-in-deutschland-1802-132519.html

---

02.02.2018

Anleitung: Retro-Gaming auf dem Smartphone oder Tablet.
https://www.techstage.de/ratgeber/Anleitung-Retro-Gaming-auf-dem-Smartphone-oder-Tablet-3953696.html

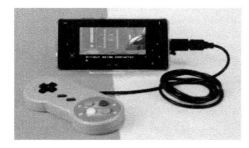

The Faery Tale Adventure: Der Programmierer erzählt die Entstehungsgeschichte des populären Amiga-Klassikers.
https://medium.com/@dreamertalin/the-faery-tale-adventure-a-personal-history-4fae0617a18d

03.02.2018

Speyes: „xeyes" für 1351-Maus:
https://www.forum64.de/index.php?thread/79971-speyes-xeyes-f%C3%BCr-den-c64/&postID=1227734#post1227734

Ein Teletext-Decoder für den C64:
https://www.forum64.de/index.php?thread/79957-teletext-decoder-f%C3%BCr-den-c64/&pageNo=1

Eine Easyflash-Version des C64-Spiels Crazy Cars III +6D:
http://csdb.dk/release/?id=161848

06.02.2018

Frauen regierten die Computerwelt – dann kam die „Macho-Clique":
https://derstandard.at/2000073511019/Frauen-regierten-die-Computerwelt-dann-kam-die-Macho-Clique

Ein Sammler sucht verzweifelt das Bild einer NES-Game-Verpackung und bietet 100.000 Dollar Finderlohn.
https://derstandard.at/2000073674315/100-000-Dollar-Finderlohn-Sammler-sucht-verzweifelt-Bild-fuer-NES

Die Musikindustrie kämpft wieder gegen Vinyl-Bootlegs.
https://derstandard.at/2000073381516/Die-Musikindustrie-kaempft-wieder-gegen-Vinyl-Bootlegs

Debatte beendet: Endlich wissen wir, ob Toads Pilz sein Kopf oder ein Hut ist.
https://derstandard.at/2000073724536/Debatte-beendet-Endlich-wissen-wir-ob-Toads-Pilz-sein-Kopf

Wie man Windows 3.1 unter Windows 95 ausführt:

https://blog.krnl386.com/index.
php?post/2018/02/03/Switch-to-Windows-95

„Open Source" feiert 20. Geburtstag.
https://derstandard.at/2000073749325/
Open-Source-feiert-20-Geburtstag-von

11.02.2018
Zork auf dem C64 mit gut lesbaren 53 Spalten:
https://www.forum64.de/index.
php?thread/80216-zork-auf-dem-c64-mit-53-
spalten/&pageNo=1

13.02.2018
Die wilden 80er: Als Radiosender Raubkopien
von Spielen ausstrahlten.
https://derstandard.at/2000072781698/Die-
wilden-80er-Als-Radiosender-Raubkopien-
von-Spielen-ausstrahlten

Das Game von Bill Gates, das für Apple „das
peinlichste Spiel" war:
https://derstandard.at/2000074084318/
Das-Game-von-Bill-Gates-das-fuer-Apple-das-
peinlichste

Über das Design des User-Interface von
Windows 95:
https://socket3.wordpress.com/2018/02/03/
designing-windows-95s-user-interface/

Beeindruckendes Nokia-Comeback: HMD
schlägt Sony, HTC und Co.
https://derstandard.at/2000074154335/
Beeindruckendes-Nokia-Comeback-HMD-
schlaegt-Sony-HTC-und-Co

14.02.2018
Space Invaders Extreme wurde für Windows
veröffentlicht.
https://www.golem.de/news/taito-space-
invaders-extreme-fuer-windows-pc-
erhaeltlich-1802-132769.html

Eine Furbie-Orgel wird zum YouTube-Hit.
https://www.heise.de/make/meldung/
YouTube-Hit-Die-Furbies-sind-los-3969357.
html

18.02.2018
Organism, ein Action-Adventure von Trevor
Storey und Achim Volkers für den C64 wurde
von Psytronik veröffentlicht.

http://www.psytronik.net/newsite/index.php/c64/98-organism

Ein Gopher-Client für Geos64 namens geoGopher:
https://www.forum64.de/index.php?thread/80238-geogopher-ver%C3%B6ffentlicht/&postID=1231944#post1231944

Buddha Music Disk #1, eine Musiksammlung für den C64:
http://csdb.dk/release/?id=129298

20.02.2018
Polaroid, Reflex und Co.: Analoge Kameras kommen zurück.
https://derstandard.at/2000074194419/Polaroid-Reflex-und-Co-Analoge-Kameras-kommen-zurueck

Skurrile Uralt-Webseiten, die es immer noch gibt:
https://derstandard.at/2000074354933/Skurrile-Uralt-Webseiten-die-es-immer-noch-gibt

23.02.2018
Nur zehn von tausend Videotheken haben in Wien Netflix überlebt.
https://derstandard.at/2000074845190/Nur-zehn-von-tausend-Videotheken-haben-in-Wien-Netflix-ueberlebt

OS/2-Anwendungen unter Linux:
https://www.patreon.com/posts/project-2ine-16513790

24.02.2018
The Guild of Thieves Remastered für Windows, macOS, Linux und Android veröffentlicht. Einen Test gibt es in dieser Ausgabe.
https://strandgames.itch.io/the-guild-of-thieves

28.02.2018
Eine riesige Computersammlung wurde über Twitter verkauft:
https://www.cnet.com/news/this-guy-is-selling-his-vintage-computer-collection-on-twitter/

Modder lässt KI „Super Mario 64" spielen, diese sammelt sogar Sterne.
https://derstandard.at/2000075105737/Modder-laesst-KI-Super-Mario-64-spielen-mit-ueberraschendem-Ergebnis

Ion Maiden: Duke-Nukem-Entwickler veröffentlicht 90er-Jahre-Shooter mit Steinzeit-Engine.
http://www.ionmaiden.com/
https://www.heise.de/newsticker/meldung/Ion-Maiden-Duke-Nukem-Entwickler-veroeffentlicht-90er-Jahre-Shooter-mit-Steinzeit-Engine-3984766.html

MÄRZ 2018
01.03.2018
Das verschollene, ultraschwere „Donkey Kong 3: The Great Counterattack" ist nach 30 Jahren aufgetaucht.
https://derstandard.at/2000075052157/Verschollenes-ultraschweres-Donkey-Kong-nach-30-Jahren-aufgetaucht

02.03.2018
Künstliche Intelligenz nutzt einen Bug in Q*Bert, um menschliche Spieler zu schlagen.
http://www.zdnet.com/article/gaming-ai-beats-human-top-scores-by-cheating/

Wreck-It Ralph 2: Ein Videospielebösewicht macht das Internet unsicher.
https://www.golem.de/news/wreck-it-ralph-2-videospieleboesewicht-macht-das-internet-unsicher-1803-133097.html

04.03.2018
Eine Doppel-CD mit über 90 Minuten Spielzeit ehrt Chris Hülsbeck anlässlich seines 50. Geburtstags.
https://www.germanremixgroup.de/content/2018/03/release-attch/

Quad Core, ein Spiel für den C64, wurde veröffentlicht.
http://www.lemon64.com/forum/viewtopic.php?t=67327

Ein großes Update für Amiga Forever und C64 Forever 7 beseitigt zahlreiche Bugs und führt viele neue Funktionen ein.
https://www.amigaforever.com/news-events/20180304-af-7-r2/

11.03.2018
Der Filmklassiker King Kong kann nun in einer auf sechs Minuten gekürzten Fassung auf dem C64 bestaunt werden.
https://www.forum64.de/index.php?thread/80771-king-kong-auf%C2%B4m-c64/&postID=1241401#post1241401

MAH, ein unter Windows spielbares C64-Spiel, kann um 3,99 US-D erworben werden.
https://retream.itch.io/mah

Das Emu64 Projekt auf GitHub und V5.0.16 kommt.
https://www.forum64.de/index.php?thread/80712-das-emu64-projekt-auf-github-und-v5-0-16-kommt/&postID=1240000#post1240000

So sahen die Bewerbungsformulare von Commodore aus:
http://www.lemon64.com/forum/viewtopic.php?t=67417

Japanese Pinball, ein Pachinko-Spiel für den C64:
http://csdb.dk/release/?id=162688

Alle Ausgaben des legendären britischen C64-Spielemagazins Zzap64 stehen nun in hoher Auflösung online zur Verfügung.
http://www.lemon64.com/forum/viewtopic.php?t=64939

Das C64-Programm $QUAND€R visualisiert die Kosten unproduktiver, langer Firmen-Meetings.
http://www.lemon64.com/forum/viewtopic.php?t=67409

16.03.2018
Das C64-Tool Basic 40139 V1.0 von Hokuto Force wurde veröffentlicht.
http://csdb.dk/release/?id=162962

Eine spezielle Version der C64-Software Maverick für 2-MB-REU kopiert eine 1581-Diskette in einem Durchlauf.
https://www.forum64.de/index.php?thread/80893-maverick-copys-for-2mb-reu/&postID=1243376#post1243376

Eine neue Tastatur für den Commodore 64:
http://www.breadbox64.com/blog/c64-keyboard-prototype/

PLAdvanced+, ein universeller (9fach) PLA-Ersatz für Commodore-Teile:
https://www.forum64.de/index.php?thread/80900-pladvanced-universeller-9fach-pla-ersatz/&postID=1243715#post1243715

20.03.2018
Das Internet Archive stellt alte LCD-Handhelds online.
https://derstandard.at/2000076434806/Internet-Archive-stellt-alte-LCD-Handheld-Games-online

Die Ataribox soll nun den Namen Atari VCS erhalten und neues Leben in das Projekt bringen.
https://www.golem.de/news/atari-vcs-alter-name-soll-neues-leben-in-ataribox-bringen-1803-133410.html

22.03.2018
Mittels einer Kryptowährung namens Bushnell Token soll eine Filmbiografie über den Atari-Gründer finanziert werden.
https://www.golem.de/news/atari-der-film-bushnell-token-sollen-atari-biopic-finanzieren-1803-133472.html

„Pizza Connection 3": Die aus der Amiga-Welt bekannte Wirtschaftssimulation erhält nach 17 Jahren eine Fortsetzung für Windows, Mac und Linux.
https://derstandard.at/2000076570862/Pizza-Connection-3-im-Test-Das-Pizza-Business-ist-ein

23.03.2018
Zum ersten Mal seit 2011 liegen die Verkaufserlöse von Tonträgern auf CD und Vinyl wieder über jenen von digitalen Downloads.
https://www.mercurynews.com/2018/03/23/cds-vinyl-are-outselling-digital-downloads-for-the-first-time-since-2011/

27.03.2018
Der C64 und die Raubkopien: Eine Liebe fürs Leben.

https://derstandard.at/2000076693224/C64-und-Raubkopien-Eine-Liebe-fuer-Leben

Neue Infos zur modernen Retro-Spielekonsole Atari VCS:
https://www.heise.de/newsticker/meldung/Atari-VCS-Neue-Infos-zur-modernen-Retro-Spielekonsole-4005418.html

Der Einplatinenrechner BeagleBone macht alte Polizeirechner wieder fit.
https://www.heise.de/make/meldung/Retrotechnik-BeagleBone-macht-alten-Polizeirechner-fit-4004992.html

Ein Remake des klassischen First-Person-Shooters System Shock (1994) soll frühestens 2020 erscheinen.
https://www.heise.de/newsticker/meldung/System-Shock-Remake-kommt-aber-fruehestens-2020-4003482.html

Version 3.10 des Betriebssystems MorphOS wurde veröffentlicht.
http://www.morphos.de/news

Ein Low-End-Multia-PC aus dem Jahr 1994 wird gebootet.
https://blog.pizzabox.computer/posts/booting-the-multia/

29.03.2018

Piotr Zgodziński wirft einen Blick auf die Ära der ersten Raytracer für Heimcomputer in den Jahren 1987 bis 1991.
http://zgodzinski.com/blender-prehistory/

Die PDAs der Marke Palm sollen noch in diesem Jahr mit Android wiederbelebt werden.
https://derstandard.at/2000077033924/Palm-Kultmarke-soll-zurueckkehren-und-zwar-mit-Android

31.03.2018

2001: A Space Odyssey soll 2018 zum 50. Jahrestag wieder in die Kinos kommen. Dafür werden neue Kopien hergestellt, die ohne digitale Tricks, neue Effekte und neue Schnitte auskommen.
http://www.syfy.com/syfywire/2001-a-space-odyssey-returning-to-theaters-with-unrestored-50th-anniversary-cut

20 Jahre „Starcraft":
http://fm4.orf.at/stories/2904317/

APRIL 2018

03.04.2018

Amiga-Geschichte, Teil 12: „Red vs. Blue":
https://arstechnica.com/gadgets/2018/03/a-history-of-the-amiga-part-12-red-vs-blue/

IBM 5140, der Laptop-Urvater:
https://www.heise.de/newsticker/meldung/Zahlen-bitte-IBM-5140-Urvater-des-modernen-Laptop-4007901.html

04.04.2018

Saturn verkauft die letzten VHS-Kassetten (zu stolzen Preisen).
https://derstandard.at/2000077301088/Letzte-ChargeElektrokette-Saturn-verkauft-die-letzten-VHS-Kassetten

08.04.2018

Das neue C64-Spiel Counterweight Kate kann für 1 US-D erworben werden.
https://cogitarecomputing.itch.io/counterweight-kate

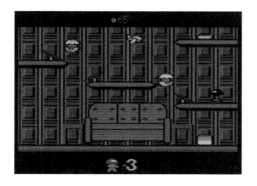

Crank Crank Revolution, ein Drehorgel-Simulator für den Commodore 64:
http://csdb.dk/release/?id=163459

10.04.2018
Der für Windows 3.0 entwickelte Windows-Dateimanager ist nach 28 Jahren quelloffen und kann auch unter Windows 10 genutzt werden.
https://www.golem.de/news/microsoft-winfile-alter-windows-dateimanager-jetzt-quelloffen-1804-133740.html

13.04.2018
#TGIQF – das Quiz: Was wissen Sie über den Amiga?
https://www.heise.de/newsticker/meldung/TGIQF-das-Quiz-Was-wissen-Sie-ueber-den-Amiga-4023004.html

NESmaker, ein Entwickler-Tool für NES-Spiele, das ohne Programmierkenntnisse auskommt:
https://www.kickstarter.com/projects/1316851183/nesmaker-make-nes-games-no-coding-required

Not Just Nostalgia: David Buck über die NES-Homebrew-Szene.
https://tedium.co/2018/04/10/nes-homebrew-scene-history/

Die Rekorde des „größten Arcade-Spielers aller Zeiten" wurden aberkannt.
https://derstandard.at/2000077869562/Geschummelt-Rekorde-von-groesstem-Arcade-Spieler-aller-Zeiten-aberkannt

Ein Sammler findet Drogen in NES-Cartridges:
https://derstandard.at/2000077877496/Sammler-findet-in-NES-Cartridges-Drogen#

Das „HD Vinyl" der österreichischen Firma Rebeat soll besser und lauter klingen als herkömmliches Vinyl und könnte Mitte 2019 auf den Markt kommen
https://derstandard.at/2000077876325/Schallplatte-der-Zukunft-Austro-Startup-erhaelt-Millionen-Investition#

20.04.2018
Jack Wellborn schreibt über die Evolution der Menüzeile.
http://wormsandviruses.com/2018/03/the-menu-bar/

MAI 2018
02.05.2018
Nach 139 Jahren wurde in Frankreich das letzte Telegramm verschickt.
https://derstandard.at/2000079046323/Letztes-Telegramm-in-Frankreich-verschickt#

Jahrzehnte nach der ursprünglichen Veröffentlichung bringt Capcom „Mega Man" für SNES und NES.
https://derstandard.at/2000079011924/Jahrzehnte-nach-Veroeffentlichung-Capcombringt-Mega-Man-fuer-SNES-und

Ein Miniatur-NeXT-Gehäuse für Raspberry Pi:
http://www.ninamakes.co.uk/builds/nextcomputer-replica-raspberry-pi-case/

05.05.2018
„The Eight Bit Algorithmic Language": Interpreter und Compiler für eine neue Programmiersprache für C64, VC-20 und Apple II.
https://github.com/bobbimanners/EightBall

Clock Four, eine Uhren-Software für den C64:
http://csdb.dk/release/?id=164294

Die 102. Ausgabe von Digital Talk wurde veröffentlicht.
http://nemesiz4ever.de/digitaltalk/Digital_Talk_102

THE128RM (remastered):
https://www.forum64.de/index.php?thread/81460-the128rm-the-128-remastered/&pageNo=1

Pi1541, ein 1541-Emulator für Raspberry Pi 3B (oder 3B+):

https://cbm-pi1541.firebaseapp.com/

06.05.2018
20 Jahre iMac:
https://9to5mac.com/2018/05/02/imac-design-20-years/ https://www.cnet.com/news/apple-tim-cook-celebrates-imac-20th-anniversary/

Auslaufmodell SMS: Deutsche verschicken weniger Kurzmitteilungen.
https://www.heise.de/newsticker/meldung/Auslaufmodell-SMS-Deutsche-verschicken-weniger-Kurzmitteilungen-4042900.html

08.05.2018
Nintendo-Spiele, die ein Vermögen wert sind:
https://derstandard.at/2000079304952/Bis-zu-27-000-Dollar-Diese-alten-Nintendo-Spiele-sind

Ein C64-Gehäuse mit neuem Innenleben auf Raspberry-3-Basis:
https://amigalove.com/viewtopic.php?f=6&t=567

„Using the old Mac OS is pure Zen": So fühlt sich die klassische Mac-Benutzeroberfläche heute an.
https://www.fastcodesign.com/90170255/using-the-old-mac-os-is-pure-zen

09.05.2018
Nicht nur die Schallplatte, auch das Tonband erlebt ein Revival. Die deutsche Firma Ballfinger bietet edle Geräte im fünfstelligen Euro-Bereich an.
https://www.bloomberg.com/news/articles/2018-05-08/the-ultimate-analog-music-is-back-ballfinger-reel-to-reel-tape

13.05.2018
Jadeworld, ein mit dem Adventure Construction Set (1984) erstelltes Spiel, erhält ein Update namens „The Blood Sword".
http://www.lemon64.com/forum/viewtopic.php?t=67999

15.05.2018
Die Retro-Konsole Nintendo Classic Mini ist seit Juni wieder erhältlich.
https://www.golem.de/news/nes-classic-mini-neue-und-alte-hardware-von-nintendo-angekuendigt-1805-134363.html

Nach 28 Jahren erscheint für Nintendos SNES-Konsole ein neues Spiel namens „Fork Parker's Crunch Out" (für ca. 50 US-D):
https://derstandard.at/2000079705449/Nach-28-Jahren-wird-fuer-den-SNES-ein-neues-Spiel#

Video: So könnte Windows XP im Jahr 2018 aussehen.
https://derstandard.at/2000079773749/Video-Wie-Windows-XP-heute-aussehen-koennte#

22.05.2018
Retro-Hardware-Quiz: Kennen Sie die Technik von gestern?
https://derstandard.at/2000044548649/Retro-Hardware-Kennen-Sie-die-Technik-von-gestern

Der vielseitige Commodore8-8-Bit-Emulator VICE wurde in Version 3.2 veröffentlicht.
http://vice-emu.sourceforge.net/

Während eines kurzen Zeitraums konnte Windows 95 in einer virtuellen Maschine Windows 3.1 laufen lassen.
https://blogs.msdn.microsoft.com/oldnewthing/20180514-00/?p=98745

Power Mac G4: Ein Überblick über Apples einstige Flaggschiff-Reihe.
https://www.macstories.net/mac/the-power-mac-g4-line/

23.05.2018
Ein Überblick über die frühesten PCs:
https://motherboard.vice.com/en_us/article/9k8a57/a-gorgeous-guide-to-the-first-wave-of-personal-computers

24.05.2018

Der Adventure-Klassiker Myst erhält zum 25. Geburtstag eine moderne Jubiläumsedition. Eine Kickstarter-Kampagne brachte über 2,8 Mio. US-D ein, das Spiel soll im Herbst 2018 erscheinen.
https://derstandard.at/2000080263561/
Myst-Adventure-Klassiker-kommt-in-Jubilaeums-Edition-fuer-moderne-PCs

Das Sandbox-MMO Runescape Classic sperrt nach 17 Jahren zu.
https://derstandard.at/2000080303286/
Runescape-Classic-sperrt-nach-17-Jahren-zu

Eine kurze Geschichte der gescheiterten Philips-Konsole CD-i:
https://www.atlasobscura.com/articles/the-history-of-the-philips-cdi-failed-playstation-ancestor

25.05.2018

Am 27. Mai 1968 nahm die Kreissparkasse Tübingen den ersten Geldautomaten in der Bundesrepublik Deutschland in Betrieb.
https://blog.hnf.de/panzerplatten-mit-elektronengehirn/

Nintendo: Neuer Hinweis auf N64 Mini aufgetaucht.
https://derstandard.at/2000080331910/
Nintendo-Neuer-Hinweis-auf-N64-Mini-aufgetaucht

27.05.2018

BINTRIS, ein C64-Spiel:
http://www.lemon64.com/forum/viewtopic.php?t=68125

31.05.2018

Die neue Atari-Videospielkonsole kann auf Indiegogo vorbestellt werden. Die Kampagne spielte über 3 Mio. US-Dollar ein.

https://www.indiegogo.com/projects/atari-vcs-game-stream-connect-like-never-before-computers-pc#/

Auch Intellivision, in den letzten Jahren auf die Vermarktung der klassischen Spiele des US-Unternehmens auf bestehenden Konsolen und PCs spezialisiert, springt auf den Zug auf und kündigt eine neue Konsole an.

Eine Demo von Pokémon Gold and Silver aus dem Jahr 1997 wurde entdeckt und wird derzeit untersucht. Sie enthält bisher unbekannte und unbenutzte Pokémon und alternative Designs bekannter Monster.
https://tcrf.net/Proto:Pok%C3%A9mon_Gold_and_Silver

JUNI 2018

03.06.2018

Denise, ein neuer C64-Emulator:
https://sourceforge.net/projects/deniseemu/

Exploding Fish, ein neues Spiel für den Commodore 64, wurde veröffentlicht.
https://megastyle.itch.io/exploding-fish

SAFTS – Spin All Four Table Soccer, ein Tischfußballspiel für den C64:
http://www.lemon64.com/forum/viewtopic.php?t=68237
https://csdb.dk/release/?id=165137

Giana's Rage Trip, ein Giana-Sisters-Hack für den C64:
http://www.lemon64.com/forum/viewtopic.php?t=68227

Beim Versuch, den Dungeon Crawler Eye of the Beholder auf den C64 zu portieren, gibt es Fortschritte.
http://www.indieretronews.com/2018/05/eye-of-beholder-dungeon-crawling.html

09.06.2018
Vor 40 Jahren, am 8. Juni 1978 brachte Intel den Mikroprozessor Intel 8086 heraus.
https://blog.hnf.de/der-erste-sechsundachtziger/
https://www.heise.de/newsticker/meldung/40-Jahre-8086-der-Prozessor-der-die-PC-Welt-veraenderte-4074260.html

Von Acorn zu ARM:
https://tedium.co/2018/06/07/acorn-arm-holdings-history/

10.06.2018
Trolley Folleys, ein neues C64-Spiel mit Level-Editor:
http://www.blackcastlesoftware.com/games/trolleyFollies/

C256 Foenix Project:
https://www.c256foenix.com/

In Entwicklung befindet sich das C64-Spiel The Briley Witch Chronicles:
https://www.protovision.games/games/brileywitchchronicles.php?language=de

12.06.2018
Exploring the Amiga, ein Assembler-Kurs in mehreren Teilen:
http://blog.thedigitalcatonline.com/blog/2018/05/28/exploring-the-amiga-1/

Ein Artikel über die 640-kB-Beschränkung von MS-DOS:
https://www.xtof.info/blog/?p=985

15.06.2018
Die Originalversion von Donkey Kong erscheint für Nintendo Switch:
https://www.cnet.com/news/original-donkey-kong-climbs-into-nintendo-switch/

16.06.2018
25 Jahre PDF:
https://blog.hnf.de/25-jahre-pdf/

17.06.2018
Ein kostenloser Bildbetrachter für Windows kann viele gängige C64-Grafikformate anzeigen.
http://www.lemon64.com/forum/viewtopic.php?t=68158

Unicart64, ein C64-Modul auf FPGA-Basis:
https://www.forum64.de/index.php?thread/82506-unicart64-the-fpga-based-cartridge-for-commodore-64/&postID=1272830#post1272830

Zwei neue C64-Spiele: Sky Diving und Rogue Ninja V1.1
https://csdb.dk/release/?id=165026
https://csdb.dk/release/?id=165226

Rick Dangerous Duology +5DH, eine rundum verbesserte Easyflash-Version des C64-Spieleklassikers:
https://csdb.dk/release/index.php?id=165405

Sonic the Hedgehog (Sega)

Autor: Steffen Große Coosmann

Erfunden als Segas eigenes Maskottchen und als Gegenentwurf zu Mario startet Sonic, der irre Igel, Anfang der 1990er Jahre seinen nicht nur von Loopings, sondern auch von Höhen und Tiefen geprägten Siegeszug. Ziel des Design-Teams war es, Sonic „cool" zu machen, was man besonders an seiner eher frechen und arroganten Haltung festmachen kann. Seine Schuhe stammen von Michael Jackson, deren rote Farbe vom Weihnachtsmann und sein Charakter vom damaligen US-Präsidentschaftskandidaten Bill Clinton. Sonic kann nicht schwimmen, da sein Erfinder Yuji Naka der Meinung war, Igel könnten das nicht. Dabei sind Igel hervorragende Schwimmer.

Der zu Beginn noch Mr. Needlemouse genannte blaue Flitzer steht in ständigem Kampf mit dem Erzschurken Dr. Robotnik (später Eggman), der alle Tiere des Planeten Mobius in Roboterwesen namens Badniks verwandeln und den Planeten so regieren will. Dabei rennt der hosenlose Held mit einem wahren Affenzahn durch Loopings, Röhren und springt auf Sprungfedern durch die zahlreichen bunten Levels. Später kommen noch die Chaos Emeralds ins Spiel, die mit ihrer geheimnisvollen Energie ein besonders begehrtes Ziel für Dr. Eggman/Robotnik sind. Seit Beginn der 3D-Ära versucht das Sonic-Team, seinen Helden immer wieder neu zu erfinden. Dabei ändert sich auch jedes Mal dessen Aussehen, was von den Fans der Videospiele mit gemischten Reaktionen aufgenommen wird.

Sonic taucht außer in seinen eigenen Spielen inzwischen auch in Nintendo-Titeln auf. So ist er ein regelmäßiger Charakter in den Olympia-Games und tritt hier zusammen mit seinen zahllosen Nebencharakteren gegen die Nintendo-Helden an. Auch im All-Star-Prügler Smash Bros. ist er seit einiger Zeit fester Bestandteil der Kämpferriege. Wie so oft gibt es mehrere Trickserien, die teils amerikanische, teils japanische Produktionen sind. Aktuell läuft die CGI-Serie Sonic Boom, die sich aufgrund ihres Meta-Humors einer großen Fangemeinde erfreut. Ebenso befindet sich ein Kinofilm in der Produktion. Der Verlag Archie veröffentlichte von 1992 bis 2016 eine mit 290 Ausgaben durchgehende Comic-Reihe. Diese ist inzwischen zum Verlag IDW gewechselt. 1993 startete das Magazin Sonic the Comic, das nach 10 Jahren im Jahr 2003 eingestellt wurde (siehe Retro Treasures in Lotek64 #43).

Hersteller: SEGA
Erfinder: Yuji Naka, Naoto Ohshima, Hirokazu Yasuhara
Erster Auftritt: 1991
Heimatkonsole: Sega Mega Drive
Vertreten auf: so ziemlich allem und eurem Toaster

Internet: http://www.lotek64.com
Twitter: http://twitter.com/Lotek64
Facebook: http://www.facebook.com/pages/Lotek64/164684576877985

HERE AM I, FLASHING NO COLOUR

#58 / WINTER 2018

#58, Winter 2018   www.lotek64.com   info@lotek64.com   ISSN 2307-7085

DIE REDAKTION

STEFAN
stefan_egger2000@
yahoo.de

GEORG
redaktion@
lotek64.com

CRUDLA
redaktion@
lotek64.com

ARNDT
adettke@
lotek64.com

MARLEEN
marleen@
lotek64.com

MARTIN
martinland@
lotek64.com

STEFFEN
steffen@
lotek64.com

JENS
jens@
lotek64.com

LARS
lars@
lotek64.com

IMPRESSUM

Herausgeber, Medieninhaber:
Georg Fuchs
Waltendorfer Hauptstr. 98
A-8042 Graz/Austria
E-Mail: info@lotek64.com

Web: Jens Bürger
Lektorat: Arndt Dettke
Hosting: vipweb.at Thomas Dorn

Versionscheck (Stand: 02.12.2018)			
Name	Version	Emuliert	Webseite
WinUAE	4.0.1	Amiga	http://www.winuae.net
VICE	3.2	C64, C128, Plus/4, PET, C64DTV	http://vice-emu.sourceforge.net
CCS64	V3.9.2	C64	http://www.ccs64.com
Hoxs64	v1.0.11.0	C64	http://www.hoxs64.net
Emu64	4.30	C64	http://www.emu64.de
Frodo	4.1b	C64	http://frodo.cebix.net
MAME/MESS	0.204	Automaten und Heimcomputer	http://mamedev.org
Z64K	1.0	C64, C128, VIC20, Atari2600	http://www.z64k.com
Yape	1.1.6	Plus/4	http://yape.homeserver.hu
ScummVM	2.0.0	Div. Adventures	http://www.scummvm.org
DOSBox	0.74 -2	MS-DOS	http://www.dosbox.com
Boxer	1.4.0	MS-DOS (unter Mac OS X)	http://boxerapp.com

LIEBE LOTEKS!

Der C64 lebt. In den letzten Monaten sind so viele hochwertige Spiele erschienen, dass wir uns gar nicht so richtig auf unsere Kernaufgabe, die Auseinandersetzung mit Soft- und Hardware von vorgestern, konzentrieren können.

Besonders hervorheben möchte ich die – ursprünglich nur als Aprilscherz angekündigte – Veröffentlichung des Landwirtschafts-Simulators 19, der in der Deluxe-Edition eine komplett spielbare C64-Version als Zugabe enthält. Lotek64 ist die erste Publikation, die online einen Test veröffentlichte. Nun reichen wir ihn auch in unserer 58. Ausgabe nach, die (wie im vergangenen Jahr) als Sammelband gemeinsam mit Ausgabe 57 über den Buchhandel oder http://bod.de in gedruckter Form erworben werden kann.

Darüber hinaus haben wir uns wie immer bemüht, euch mit interessantem Lesestoff über alte Hardware, neue Spiele, nerdiges Geschenkpapier und Chipmusik zu versorgen und dabei eine Frage nicht außer Acht zu lassen, die die Menschheit schon lange bewegt: echte Hardware oder Emulation?

Wir wünschen euch allen eine spannende Lektüre, frohe Festtage und alles Gute für das Jahr 2019!

Georg Fuchs
für die Redaktion

INHALT

Landwirtschafts-Simulator kommt auf den C64

Wie lange ist es wohl her, seit das letzte neue C64-Spiel ganz offiziell in Innenstadtläden, Game-Shops und Elektronikmärkten erworben werden konnte? Am 20.11.2018 ist es wieder soweit, denn dann erscheint „Farming Simulator" für den Commodore 64 – und zwar als Bestandteil des „Landwirtschafts-Simulator 19 – PC Collector's Edition" der Firma GIANTS Software.

von Simon Quernhorst

Klingt wie ein Aprilscherz? Das war es auch mal, doch dazu später mehr. Der Landwirtschafts-Simulator erschien erstmalig 2008 und erhält seitdem jährliche Nachfolger. Außer den PC-Versionen erschienen auch bereits Umsetzungen für z.B. Xbox 360 und One, PS 3, 4 und Vita, Nintendo 3DS und Switch, außerdem für die verschiedenen Smartphone-Betriebssysteme. Neben hervorragenden Verkaufszahlen konnte das Spiel im August 2018 sogar mit der Verleihung des Gamescom-Awards „Beste Simulation 2018" glänzen.

Lotek64 sprach zwei Wochen vor der Veröffentlichung mit Martin Rabl, PR & Marketing Manager bei GIANTS Software GmbH.

Lotek64: Herzlichen Glückwunsch zur Veröffentlichung des neuen Landwirtschafts-Simulators und vor allem der ersten Version für den C64. Wie kam es dazu?

Martin Rabl: Generell haben wir in der Vergangenheit versucht, unsere Simulation auf möglichst vielen Plattformen anzubieten, so erhielten wir z.B. auf der E3 erstaunte Nachfragen, dass wir mit dem „Farming Simulator 18" noch die PS Vita unterstützen würden. Einige Mitarbeiter unseres Unternehmens haben eine C64-Affinität und im Hype um das Erscheinen des „C64-Mini" entstand die Idee, eine offizielle Version für den meistverkauften Homecomputer zu veröffentlichen. Erst später wurde die bereits begonnene Entwicklung dann auch als Aprilscherz genutzt – wohlwissend, dass es mehr werden wird, als nur ein Aprilscherz.

LOTEK64: In welcher Form wird die C64-Version veröffentlicht?

MARTIN RABL: Das Spiel wird der „PC Collector's Edition" in Form eines Disketten-Images im D64-Format und eines Modul-Images im CRT-Format auf einer separaten CD beiliegen. Die Verpackung der CD wurde im Stil einer 5¼-Zoll-Diskette gestaltet und die Datei kann sowohl im Emulator gespielt als natürlich auch auf einen echten C64 oder C64-Mini übertragen werden. Für Mitarbeiter und Pressevertre-

■ Bild 1: Die C64-Edition

ter erscheint das inhaltsgleiche Spiel außerdem als echtes C64-Modul. Wir planen außerdem, das C64-Spiel irgendwann auch losgelöst von der Collector's Edition anzubieten.

Lotek64: Wer hat das Spiel für den C64 entwickelt?

Martin Rabl: Einer unserer Mitarbeiter hat Freunde in der C64-Szene und so wurde die C64-Version als Auftragsarbeit vergeben. Die Entwickler werden natürlich im Spiel genannt und wurden für Ihre Arbeit bezahlt, somit handelt es sich tatsächlich um ein neues kommerzielles Spiel für den C64. Und aufgrund des Erscheinens der Collector's Edition in mehreren europäischen Ländern wird auch die produzierte Auflage des C64-Spiels insgesamt bei mehr als 70.000 Einheiten liegen.

Lotek64: Das ist ja unglaublich. Ist die C64-Version denn auch länderspezifisch gestaltet worden?

■ Bild 2: Übersichtliche Steuerung

Martin Rabl: Nein. Auch wenn „Farming Simulator 19 – PC Collector's Edition" in verschiedenen europäischen Ländern erscheint, beinhaltet das beiliegende C64-Spiel stets englischen Text. Die Textmenge ist jedoch überschaubar und die beiliegende Anleitung enthält auch verschiedene Sprachen.

Lotek64: Damit kommen wir zum Umfang des Spiels. Wenn eine mehrsprachige Anleitung bei-

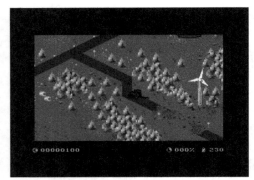

Bild 5: Bauer sucht Feld

Bild 6: Einbringen der Ernte

Bild 7: Ohne Moos nix mehr los

liegt, scheint es ja tatsächlich mehr als nur eine einfache Demo zu sein.

Martin Rabl: Definitiv. Die Simulation ist komplett spielbar, es gibt verschiedene landwirtschaftliche Fahrzeuge, Äcker sind per Traktor zu pflügen und einzusäen und später mit einem Mähdrescher zu ernten. Die Ernte ist zu verkaufen und mit dem Geld kann neues Benzin erworben werden. Somit sind sowohl der landwirtschaftliche als auch der kaufmännische Simulationsaspekt enthalten. Wir mussten der Entwicklung natürlich trotzdem Grenzen stecken, damit das Projekt nicht ausufert und zu viel Aufwand bzw. Probleme mit den Hardwarelimitationen verursacht.

Lotek64: Sind weitere Retro-Projekte geplant?

Martin Rabl: Zunächst freuen wir uns, dass unser neues Produkt erscheint und die C64-Version erfolgreich fertiggestellt werden konnte. Wir sind natürlich auf die Reaktionen gespannt und wissen derzeit noch nicht, ob wir so einen Zusatzaufwand noch einmal betreiben werden.

Lotek64: Vielen Dank für das Gespräch und weiterhin viel Erfolg. Und wir freuen uns nun darauf, das Spiel vorab testen zu können...

Das Spiel umfasst laut Directory 216 Blocks (also etwa 54 kB), die Moduldatei ist 60 kB groß. Im Header der Diskette erkennt man das Kürzel „SGR" der ungarischen Demo-Gruppe „Singular", welche hinter der Spielentwicklung steckt. Nach Start des Spiels wird zunächst ein GIANTS-Logo gezeigt und anschließend die Steuerung erklärt. Im folgenden Titelbild erkennt man bereits die besondere Qualität der Grafik, kann sich die Credits anzeigen lassen oder das Spiel starten. Und schon sitzt man im Trecker, kann Äcker pflügen, die Gegend erkunden und mit den Funktionstasten zwischen den verschiedenen Landwirtschaftsmaschinen wechseln. Benzin und Geld sind im Spiel die Ressourcen, mit denen es zu haushalten gilt. Die isometrische Landschaft scrollt dabei in alle Richtungen und die Steuerung der Fahrzeuge gelingt nach kurzer Eingewöhnung recht gut. Die detaillierten Fahrzeuge wurden aus mehreren Sprites zusammengesetzt und sind sehr gut gelungen, allerdings können aus diesem Grund auch nur maximal zwei Maschinen gleichzeitig auf dem Screen dargestellt werden. Ein wirklich schönes Spiel und eine würdige Veröffentlichung im 37. Lebensjahr des C64! ■

■ Bild 4: Die Credits

■ Bild 8: Unser Testexemplar ...

Infos

Der „Landwirtschafts-Simulator 19 – PC Collector's Edition" kostet 49,99 Euro.
https://giants-software.com/
https://farming-simulator.com/

SEUCK-Spiel Stargazer

Ben Vinzenz Gratzl, dessen Kreation Pharaos Zoo wir in Ausgabe #57 vorstellten, hat mit dem Spiel Stargazer einen neuen SEUCK-Shooter veröffentlicht. Statt im alten Ägypten ist die Handlung nun im Jahr 3333 angesiedelt.

Mit verschiedenen Raumschiffen ballert man sich in Oldschool-Manier durch unzählige gegnerische Formationen, weicht Hindernissen und Schüssen aus oder scheitert an eben diesen Herausforderungen. Der Schwierigkeitsgrad ist sehr hoch, dafür darf im Zweispielermodus gleichzeitig geballert werden, was die Sache sicher einfacher macht.

Gratis-Download auf:
http://ogy.de/stargazerplus

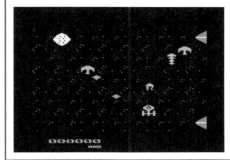

Museum für digitale Kultur

Das BINARIUM in Dortmund

Seit Dezember 2016 gibt es das BINARIUM in Dortmund – höchste Zeit, dass wir dieses „Museum der digitalen Kultur" nun einmal besuchen. Die Daten auf der Website lassen vorab schon einiges erwarten: über 700 Exponate, davon 250 Telespiele und Konsolen sowie 200 Heimcomputer werden auf knapp 2000 m² ausgestellt.

von Simon Quernhorst

Die Ausstellung verteilt sich auf zwei Etagen des großen Gebäudes: die Geschichte der Videospiele im Erdgeschoss sowie die Geschichte der Heimcomputer in der ersten Eta-

ge. Der markierte Rundgang führt zunächst in die erste – erst im Oktober 2017 eröffnete – Etage und fasst die Computergeschichte von Konrad Zuse über Heimcomputer bis zu Taschencomputern zusammen. Das Angebot der einzelnen Räume ist breit gefächert, so gibt es Stationen zu Persönlichkeiten der Computertechnik, zu Logikschaltungen und Rechnerbausteinen, Tische und Regale voller Zeitschriften und Bücher, Vitrinenwände voller Computermodelle verschiedenster Hersteller und dazwischen immer wieder Geräte zum Ausprobieren. Neben dem obligatorischen C64 findet sich z.B. die Pong-Konsole „Novex TV Sport" in einer zeitlich passend gestalteten Umgebung, ein MSX mit „Yie Ar Kung-Fu II", ein Schneider CPC464 sowie diverse PCs. Außerdem bietet die erste Etage eine Sonderausstellungsfläche, bei unserem Besuch waren hier riesige Star-Wars-Modelle zu sehen.

Die untere Etage beginnt mit Higinbothams „Tennis for Two" und einigen alten Flipperautomaten und fängt die Historie der Heimvideospiele mit der „Odyssey" an. Die Räume sind grob nach Generationen der Videospiele aufgeteilt und enthalten sowohl Vitrinen als auch in-

teraktive Stationen. Im ersten Raum kann beispielsweise an Atari VCS und Interton VC 4000 gespielt werden. In Dauerschleife läuft hier auch die von Thomas Gottschalk moderierte Fernsehsendung „Telespiele" (1977 bis 1981). Im nächsten Raum stehen u.a. MasterSystem, Super Nintendo, GameCube, Dreamcast und Xbox zum Spiel bereit. Der letzte Raum zeigt die Geschichte der Handheld-Konsolen und hier laden auch aktuelle Konsolen wie Xbox One und WiiU zum Spielen ein – besonderer Besuchermagnet ist dabei die VR-Brille der PlayStation 4 mit Ubisofts Spiel „Eagle Flight".

Es lohnt sich, die gesamte Ausstellung gründlich zu sichten, denn immer wieder finden sich interessante Fakten zu Spielen, Herstellern und Nischenthemen wie z.B. Case-Modding, asiatische Besonderheiten wie der chinesische „iQue Player" oder eine Zusammenfassung der weniger erfolgreichen Tätigkeitsfelder von Nintendo.

Lotek64 spricht mit Christian Ullenboom (CU), dem Geschäftsführer:

Lotek64: Zunächst einmal herzlichen Glückwunsch zu deinem Museum. Wie kam es zu dem Museum und dem markanten Namen?

CU: Im April 2011 habe ich das Projekt „BINARIUM" gestartet und hatte mir zunächst eine Ausstellung der Homecomputer- und Videospielsysteme bis etwa zum Atari Falcon

(1994) vorgestellt. Schnell habe ich jedoch gemerkt, dass das Museum bis in die Gegenwart reichen muss, um interessant zu sein. Ungewöhnlicherweise hatte ich vorher keine Privatsammlung, die ich in ein Museum umwandeln wollte, sondern habe erst bei Projektbeginn angefangen, Ausstellungsstücke zu sammeln. Die Resonanz auf meine Schreiben an diverse Städte im Ruhrgebiet war leider gleich Null und erst 2015 konnte ich dann diese Immobilie in Dortmund kaufen. Als Basis wurde die „Digitales Erlebnis-Center GmbH" gegründet, das Museum finanziert sich ausschließlich durch Einnahmen und wir erhalten keine Zuwendungen der öffentlichen Hand. Wir freuen uns sehr, mit der Firma Medion einen Sponsor gefunden zu haben. Der Name „BINARIUM" setzt sich aus zwei Teilen zusammen: BIN steht für „binär" – die interne Arbeitsweise eines Computers mit den Zuständen „ein" und „aus". Das Suffix ARIUM bezeichnet einen bestimmten Ort für etwas oder auch eine Sammlung von etwas. Das BINARIUM ist folglich eine Sammlung von binär arbeitenden Maschinen. Es soll ein Museum für die Geräte sein, die die Leute selber hatten und hier dann wiederentdecken können.

Lotek64: Mit welchen Geräten bist du selbst in deiner Jugend aufgewachsen?

CU: Ich bin Geburtsjahr 1973 und bekam Weihnachten 1984 einen Commodore 64 ge-

schenkt. Allerdings erhielt ich erst im März des folgenden Jahres eine Datasette als externes Speichermedium. Somit war ich gezwungen, die Zwischenzeit mit dem Studium des BASIC-Handbuchs und eigenen Programmen im flüchtigen RAM zu verbringen. Mein Lieblingsspiel in der folgenden Zeit war dann eindeutig „Boulder Dash" von Peter Liepa. Nach BASIC brachte ich mir 6510-Assembler bei. Dem C64 verdanke ich sehr viel, denn ohne ihn wäre mein ganzes Leben anders verlaufen und ich wäre jetzt sicherlich kein IT-Trainer und -Autor. Anschließend kam ich zum Amiga und erlernte 68000-Assembler, und wenn ich ein Gerät für eine einsame Insel wählen müsste, wäre das wohl ein Amiga.

Lotek64: *Welches sind deine persönlichen Lieblingsstücke des Museums?*

CU: In der oberen Etage ist dies der britische Computer „Jupiter ACE 4000" aus dem Jahre 1983. Ehemalige Sinclair-Entwickler hatten sich mit der Firma „Jupiter Cantab" selbständig gemacht und den Computer statt mit BASIC mit eingebautem FORTH ausgestattet. Von diesem Computer wurden nur sehr geringe Stückzahlen hergestellt. Da ich eine Vorliebe für besonderes Zubehör und spezielle Controller habe, ist mein Lieblingsstück der unteren Etage das Videopac-Spiel „Das Geheimnis der Ringe", da es eine Verknüpfung zwischen realer Brettspiel- und virtueller Welt bildet.

Lotek64: *Wissen die Besucher mit den ausgestellten Homecomputern überhaupt noch umzugehen?*

CU: Mir ist aufgefallen, dass die Jugendlichen wenig Vorwissen besitzen und meist keinerlei Ahnung und Vorstellung von ehemaligen Computermodellen haben. Beispielsweise beendet die ausgestellte Pong-Konsole das Spiel bei 15 Punkten, nur die wenigsten finden jedoch den Reset-Knopf und viele beschweren sich dann, dass die Konsole defekt sei, weil der Ball durch die Schläger fliegen würde. Beim C64 haben wir deshalb ein kleines Anleitungsblatt zum korrekten Einlegen von Disketten und dem Laden von Programmen dazugelegt.

Lotek64: Wieviel Zeit investierst du durchschnittlich in das Museum?

CU: Zum jetzigen Zeitpunkt sind es etwa zwei Stunden pro Tag, zwischen Projektstart und Museumseröffnung waren es natürlich wesentlich mehr. Unterstützung erhalte ich durch Angestellte und Praktikanten und glücklicherweise ist auch die Akzeptanz meiner Frau gegeben, da sie mich erst kennengelernt hat, als das Museumsprojekt bereits lief.

Lotek64: Welche Pläne und Wünsche hast du für dein Museum?

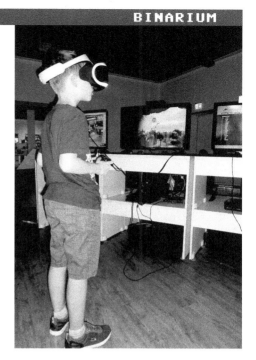

CU: Wir werden die Ausstellung laufend erweitern, denn wenn die Gegenwart zur Vergangenheit wird, möchten wir unter dem Motto „mehr sehen, mehr spielen" auch mitwachsen. Außerdem möchten wir mittels Robotik, Virtual und Augmented Reality einen Ausblick auf die Zukunft der Spiele integrieren. Dafür werden wir weitere Tablet-Computer installieren, an denen man beispielsweise SID-Musiken oder Videos von Spielen auswählen können wird. Und wir möchten noch mehr Geräte spielbar schalten. Mit der Menge der Besucher bin ich bereits zufrieden, trotzdem hoffe ich natürlich, dass das BINARIUM noch viel bekannter wird. Durch Events, Sonderausstellungen, Klassenausflüge und Kindergeburtstage möchten wir stets interessant bleiben und sind immer auf der Suche nach weiteren Sachspenden für die Ausstellung. Mein persönlicher Wunsch wäre momentan ein Arcadeautomat, um auch den Aspekt der Spielhallencomputer einfließen lassen zu können. ∎

Infos

BINARIUM -
Deutsches Museum der digitalen Kultur
Hülshof 28, 44369 Dortmund
www.binarium.de

Öffnungszeiten:
Di-So, 10-17 Uhr
Mo ist Ruhetag

Nachruf

Ben Daglish, SID-Magier, 1966-2018

Mit seinen Kompositionen hinterlässt Ben Daglish Spuren in unzähligen Computer-spielen. Er schrieb für C64-, CPC- und Spectrum-Spiele die Soundtracks, auch in der 16-Bit-Welt war er aktiv. Am 1. Oktober verstarb der an Lungenkrebs erkrankte engli-sche Chipmusiker im Alter von nur 52 Jahren.

von Georg Fuchs

Wie viele andere Chip-Komponisten hatte Ben Daglish eine solide musikalische Ausbildung. Er hatte Oboe und Perkussion studiert und bereits Erfahrungen als Musiker gesammelt, als er zusammen mit Antony Crowther, der vor allem in der Frühzeit des C64 Musik zu Computerspielen beisteuerte und den Daglish seit Schultagen kannte, das Duo W.E.M.U.S.I.C. („We Make Use of Sound In Computers") gründete. Aus diesen Tagen stammt auch das Kürzel „Benn", das Daglish im CNet, einem zwischen 1984 und 1993 existierenden britischen Internetprovider, verwendete.

Die Zahl der Stücke, die er insgesamt für Heimcomputer – von Konsolen ließ er die Finger – schrieb, bezifferte Daglish in einem Interview mit 4.000 bis 5.000. Vieles davon geht auf seine Zeit als Hauskomponist von Gremlin Graphics zurück. Daglish konnte sich nach eigenen Angaben nur an einen Bruchteil der Projekte erinnern, an denen er beteiligt war. Manchmal konnte er ein Spiel ausprobieren, um einen Eindruck zu bekommen, in anderen Fällen musste er sich mit einer mündlichen Inhaltsangabe begnügen. Daran stieß sich in den 80er-Jahren niemand, Hauptsache, die Musik klang gut oder gar imposant – Letzteres war

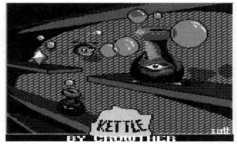

bei Ben Daglish selten der Fall, er blieb meistens beim soliden Handwerk und verirrte sich selten in die Liga der technischen Leistungsschau, wie es Galway, Hubbard und Hülsbeck gerne taten. Digi-Samples, die seit Arkanoid (1987) in fast jedem SID-Stück Pflicht wurden, wollte dieses aufpoliert und modern daherkommen, findet man in Daglish-Stücken auf dem C64 äußerst selten.

Gerade deshalb waren seine Stück oft reizvoll: Sie griffen eine Idee auf und fassten sie in eine angemessene und eingängige musikalische Sprache, ohne den SID zu diesem Zweck unnötig auszureizen. Daglish hielt nicht viel

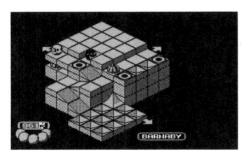

von Effekthascherei, auch wenn er gerne zum Thema eines Spiels passende Geräusche in seine Stücke einbaute. Diese waren kein Selbstzweck, sondern verstärkten ein Motiv, wie etwa z.B. das Blubbern des Teekessels, der die Hauptrolle im Spiel Kettle spielt. Die Melodie selbst, so Daglish, sollte so eingängig sein, dass man sie pfeifen wollte. Nicht selten kamen die Kompositionen ohne Drums aus, etwa bei Firelord oder in der kurzen, eingängigen Titelmelodie von Gauntlet.

Pfeifen lassen sich tatsächlich viele der Melodien von Ben Daglish. SID-„Superhits" gibt es weniger als von anderen Komponisten, zieht man die Anzahl der Stücke, die für Kompilationen oder Intros gerippt wurden, als Maßstab für deren Popularität heran. Zu seinen bekanntesten und stimmungsvollsten Kompositionen zählen jene Stücke, die Ben Daglish zu The Last Ninja beisteuerte. Hier kann man den Komponisten und Coder am Höhepunkt seiner C64-Kunst bewundern. (Die andere Hälfte des Soundtracks stammt vom 2016 bei einem Verkehrsunfall verstorbenen Anthony Lees.)

Ben Daglish war kein Meister der Orchestrierung wie Rob Hubbard, der an klassischen Kompositionstechniken orientiert war und dabei dem SID immer wieder Klänge entlockte, die akustische Musikinstrumente erstaunlich gut imitierten. Beinahe wie ein Gegenentwurf dazu wirkten die SID-Kompositionen von Martin Galway und Chris Hülsbeck, die in der Welt der Synthesizer zuhause waren und die oft unterkühlte Klangästhetik der 80er-Jahre perfekt auf den Commodore 64 transportieren. Ben Daglish war dagegen ein Universalist, der zu jedem Spiel eine passende Melodie liefern konnte und sich keinerlei stilistischen Einschränkungen unterwarf. Deshalb gibt es auch keinen „typischen Daglish-Stil", auch wenn ihm seine Stücke meist unverkennbar zuzuordnen sind.

Anders als sein früherer Partner Antony Crowther blieb Daglish der Spieleindustrie nicht verbunden. 1994 komponierte er seinen letzten Spiele-Soundtrack, danach zog er sich beruflich aus diesem Feld zurück. Der Szene blieb er aber verbunden, wie seine Teilnahme an vielen Projekten und Events (Press Play On Tape, B.I.T. Live, Retrovision) zeigt.

Nach dem Ende seiner Karriere als Komponist von Musik für Computerspiele kehrte Daglish der Chipmusik den Rücken und widmete sich wieder der „analogen" Musik, spielte in mehreren Bands und verdiente sein Geld als Programmierer. Der gebürtige Londoner, der in Sheffield aufwuchs, lebte in der Grafschaft Derbyshire. Er hinterlässt eine Frau und drei Kinder. ∎

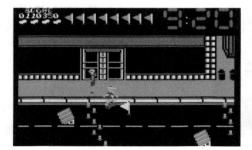

C64-Spiel

Kaiser-Klon Tenno

Kaiser ist eines der bekanntesten C64-Spiele. Obwohl es „nur" ein BASIC-Programm mit eher simpler Grafik war, konnte das Strategiespiel Generationen von C64-Fans tage- bzw. nächtelang fesseln.

von Georg Fuchs

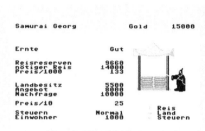

Ziel des rundenbasierten Spiels ist es, im 18. Jahrhundert ein noch überschaubares Stück Land zu verwalten und wirtschaftlich zu entwickeln. Mit zunehmendem Erfolg kommen auch noch militärische Optionen hinzu und das Spiel wird für die Zeit, als es im Handel auftauchte, ziemlich komplex und vielseitig: Justiz, Steuern, Errichten von Gebäuden, Demografie, Ein- und Auswanderung, das alles muss gesteuert und im Auge behalten werden. Gewonnen hat, wer als erster Kaiser wird.

Abgesehen von gelegentlichen Abstürzen im militärischen Teil von Kaiser gilt das Spiel in den Augen vieler als rundum gelungener Klassiker. Trotzdem haben sich zwei Fans die Aufgabe gestellt, das Spiel zu verbessern. Florian und Matthias Auer verpassten Kaiser nicht nur eine optische Generalüberholung, sondern krempelten das gesamte Spiel um und verlegten die Handlung ins Japan des Jahres 1400. Die richtige Balance zwischen Reisproduktion, Landbesitz, Besteuerung und Militärausgaben muss gefunden werden, natürlich sollte dabei die Ernte gut ausfallen und das Wetter mitspielen.

Optisch ist Tenno übersichtlicher und gefälliger als die Vorlage aus den 80er-Jahren, spielerisch kann es auf jeden Fall mithalten. Allei-

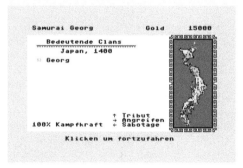

ne macht es weniger Spaß, da Tenno erst mit einem oder mehreren Mitspielern seine spielerischen Optionen entfaltet. Dass es dabei keine Abstürze mehr gibt, ist natürlich ein großer Pluspunkt. Fans von Strategiespielen haben also keine Ausrede und sollten diesem gelungenen Remake eines in die Jahre gekommenen Klassikers ihre Aufmerksamkeit schenken. Bis zu sechs Spieler können sich im Multiplayermodus übrigens beteiligen. ∎

Infos
Download (kostenlos) hier: http://matflo.org/tenno/

PC-Emulator oder das Original?

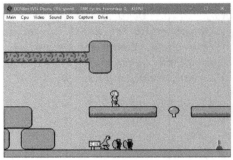

Wenn es um alte PC-Spiele geht, kommt man meistens um Emulatoren nicht herum. Oder sollte man doch lieber die 20 Jahre alte Kiste aus dem Keller holen, um seine Klassiker zu erleben?

von Kevin Puschak

Wenn man bestimmte Computersysteme auf seinem heimischen Rechner nachbilden möchte, greift man gerne zu einem Emulator. Der ist schnell eingerichtet, bietet nützliche Funktionen und man kann mitunter seine liebgewonnenen, vielleicht sogar ewig nicht mehr gesehenen Klassiker wiederentdecken. Für eine Reihe von Spielekonsolen wie dem NES, SNES, SEGA Master System, Mega Drive und für Heimcomputer wie dem Commodore 64 oder dem Amiga existieren inzwischen massenhaft Emulatoren, mal sehr gute, mal auch eher maue. Manche schwören allerdings auch auf Original-Hardware und spielen so, wie sie es damals taten: Röhrenfernseher anschließen, Controller dran, Cartridge rein und los geht's. Zu gerne wird bei der Auswahl der gute alte IBM-kompatible Personal Computer übersehen. Auch hier besteht durchaus Potenzial für einen potenten Emulator. Mit „DOSBox" existiert beispielsweise ein Programm, welches einen x86-PC zu MS-DOS-Glanzzeiten nachbildet. So lassen sich allerhand Konfigurationen vornehmen wie CPU, Grafikkarte, Soundkarte, Netzwerkkarte, Controller etc. Läuft etwa

ein sehr altes Spiel zu schnell, wird die Emulation eben kurzerhand auf eine langsamere Konfiguration umgestellt. Mit ein paar Tricks und Kniffen kriegt man auch ein Microsoft Windows zum Laufen, sei es 3.1 oder 95.

Vielleicht gibt es auch hier den Gedanken „Mensch, haben wir nicht noch diese große beige Kiste mit Pentium Schlagmichtot im Keller?" Selbst die über 20 Jahre alten PCs sollten in der Regel noch problemlos anspringen, mit etwas Glück gibt es einen „Bad CMOS checksum"-Fehler und lediglich ein Wechsel der CR2032-Batterie ist notwendig. Damit kann man auch bei vorhandenen Laufwerken sein altes Lieblingsspiel installieren und es auf die gute alte Art und Weise spielen. Die Frage ist nur: was von beidem ist denn nun besser?

Emulator

Beim Emulator hat man einen großen Vorteil: es braucht kein weiteres System, um diesen zum Laufen zu bringen, der eigene bereits vorhandene PC genügt völlig. Selbst die bereits existierenden Laufwerke können verwendet werden, es lassen sich aber auch Laufwerke durch virtuelle Disk-Abbildungen emulieren. Zudem ist der Großteil der Emulatoren, die einen IBM-kompatiblen PC nachbilden, kostenlos. Es gibt allerdings auch die eine oder andere Ausnahme, wie das umfangreichere Paket von „VMware Workstation".

Um etwa MS-DOS-Spiele spielen zu können, ist „DOSBox" wohl die nahezu perfekte Lösung. Das ist vor allen Dingen bei einer größeren Verbreitung von 64-Bit-Betriebssystemen von Vorteil, da man darunter die 16-Bit-Anwendungen gar nicht erst ausführen kann. Der virtuelle DOS-Rechner reicht vom langsamen 386er bis hin zum flotten Pentium, selbst die entsprechende Grafik (CGA, EGA, VGA...) und der Sound (SoundBlaster, AdLib, Gravis Ultrasound...) lässt sich beliebig konfigurieren, modifizierte Varianten kriegen mitunter sogar eine Glide-Unterstützung hin. Wenn man sich einige der älteren DOS-Spiele in Vertriebsplattformen wie Steam oder GOG kauft, kann es durchaus vorkommen, dass das Spiel dann in einer vorkonfigurierten „DOSBox" läuft. Eine problemlose Installation von

Windows 3.1 ist ebenfalls möglich, somit laufen dann auch die für dieses Betriebssystem entwickelten Spiele.

Emulatoren wie „VirtualBox", „Virtual PC" und „VMware" sind ebenfalls x86-Emulatoren, jedoch sind die Einstellungsmöglichkeiten etwas eingeschränkter. So wird etwa die Host-CPU für die virtuellen Computer verwendet und man beschränkt sich auf die Emulation einer festgelegten Grafik- und Soundlösung, die ggf. mit älteren Betriebssystemen nicht läuft, zumal diese Programme darauf ausgelegt sind, neuere Betriebssysteme wie Ubuntu oder Windows 7 auszuführen. Zwar war es etwa mit älteren Versionen von Microsofts „Virtual PC" möglich, Windows 98 zu installieren (Windows 95 erst mit einem Patch), aber die eingeschränkte Grafikkarte erlaubte keine aufwendigen PC-Spiele. Und wenn man es dennoch gewagt hat, bekam man eine „Slideshow". Empfehlenswert ist dagegen die Verwendung von Programmen wie „PCem", die eine etwas umfangreichere Konfiguration ermöglichen als „DOSBox", denn hier lässt sich

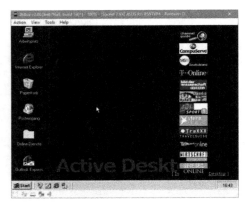

zudem noch ein anderes Mainboard mit einem bestimmten Chipsatz auswählen, zudem ist die Liste der auswählbaren Komponenten größer (etwa nVIDIA RIVA TNT2), die dann auch eine Installation von Windows 95, 98 oder ME erlauben. Auch wenn man diese Systeme erst installieren muss mit allen Treibern.

Ergo kann man sich durchaus seinen virtuellen Retro-Computer selber zusammenstellen und damit die perfekte PC-Spielemaschine erschaffen, die man damals mitunter gerne gehabt hätte. Oder man greift zu anderen Mitteln.

Die echte Hardware

Wer es richtig authentisch haben möchte, nutzt für seine alten PC-Spiele einen echten PC. Mit etwas Glück schlummert im Keller noch so ein Ding herum und wartet nur darauf, angeschmissen zu werden. Eventuell sind nur ein paar kleinere Reinigungsarbeiten am Gehäuse und an den Laufwerken notwendig, in den meisten Fällen muss auch die BIOS-Batterie ausgetauscht werden. Bei vielen Generationen sind die heute immer noch gängigen CR2032-Batterien vorzufinden, jedoch setzten einige Mainboard-Hersteller auch auf Lösungen, wo entweder Lötarbeiten vorgenommen werden müssen oder wie im Falle einer Dal-

las-Batterie fast nichts mehr getan werden kann. Ohne „Saft" vergessen die Computer mit etwas Glück nur Datum und Uhrzeit, mit etwas Pech die Festplattenkonfigurationen.

Sollte kein PC, aber die Lust daran, einen zu besitzen, vorhanden sein, können eBay, Kleinanzeigen, An- und Verkaufsmärkte, Flohmärkte, Freunde und Bekannte dabei behilflich sein, einen zu finden. Doch einige Rechner haben in letzter Zeit erheblich an Wert gewonnen, weshalb man sich auf durchaus hohe Preise einstellen kann. Wie es bei sowas üblich ist: preislich ist immer Luft nach oben. Gerade Computer der Vor-Pentium-Generation sind beliebt wie nie zuvor, erst recht, wenn noch eine Taktfrequenzanzeige am äußerst hässlichen Big Tower den künftigen Besitzer angrinst. Möchte man allerdings eine breite Palette an alten PC-Titeln spielen, inklusive denen, die etwa um die Jahrtausendwende herum erschienen sind, so kriegt man preislich noch recht attraktive Modelle, dabei sprechen wir ungefähr von der Ära des Pentium III.

Hier sind im Gegensatz zur Emulation der Komponentenauswahl keine Grenzen gesetzt. Während etwa viele Emulatoren nur eine Emulation der ersten „3dfx Voodoo" erlauben, kann man sich bei der echten Hardware eine neuere Grafikkarte dieser Generation kaufen, wobei auch die inzwischen schwer für kleines Geld zu kriegen sind. Ähnlich sieht es bei den Soundkarten aus. Virtuelle Laufwerke sind hier zum Großteil gar nicht notwendig, die beliebte Kombi aus CD- und Diskettenlaufwerk war in den 90er-Jahren gang und gäbe. Hier muss der echte Datenträger ran, ggf. muss dieser über das klassische „Turnschuhnetzwerk" übertragen werden.

Natürlich braucht man zu dem Rechner auch noch die passende Ausstattung. Tastatur mit DIN- oder PS/2-Anschluss, Maus mit Seriell- oder PS/2-Anschluss und einen Monitor mit VGA-Anschluss. Beim Sound lässt man sich bei den DOS-Titeln entweder vom PC-Speaker beschallen oder nutzt Lautsprecher, die bis heute zum Großteil noch auf den 3,5mm-Klinkenstecker setzen. Man merkt aber schon: diese Authentizität kann ordentlich was kosten, nicht nur bei der Anschaffung, sondern auch noch beim Strom. Selbst wenn die damalige Hardware bei Weitem nicht so stromfressend war wie einige heutige High-End-Kisten. Es sei denn, man möchte einen CRT betreiben, die nehmen nicht nur unfassbar viel Platz ein, sondern können selbst im Standby durchaus das Doppelte verbrauchen wie so ein heutiger Flachbildschirm.

Spätestens bei dieser Methode sollten sämtliche älteren PC-Titel, je nach Konfiguration, problemlos laufen und das Gefühl von damals kehrt zurück: das Surren der Festplatte, das Flackern des Bildschirms, der Diskettenwechsel bei der Installation oder der CD-Wechsel bei einem Full-Motion-Video-Adventure. Es darf nur nicht an den finanziellen Mitteln scheitern.

Andere Arten

Es gibt auch jenseits der bisher erwähnten Methoden Möglichkeiten, ältere Spiele zum Laufen zu bringen. Zum einen dürfte „Wine" für viele Linux-Nutzer ein Begriff sein. Wie das Akronym schon sagt („Wine Is Not an Emulator"), ist es eine Laufzeitumgebung, die es ermöglicht, Windows-Anwendungen unter Linux auszuführen. Über eine Datenbank kann man einsehen, welche Software unter welcher Linux-Distribution wie gut läuft. Das geht von „Garbage" (kann man völlig vergessen) bis „Platinum" (geradezu fantastisch). Auch einige Win95/98-Titel sollten so unter Linux laufen. Ganz anders wird es beim so genannten „Glide Wrapper". Dabei ermöglicht man, 3dfx-Funktionalitäten auf anderen Grafikkarten zu nutzen, insbesondere die Glide-Schnittstelle. Die besonderen grafischen Effekte bekam man

nämlich nur in Verbindung mit einer 3dfx-Voodoo-Karte. Oder man besaß ein Spiel wie „Pandemonium", welches zwingend eine 3dfx-Voodoo-Karte haben wollte. So ist es durchaus möglich, solche Spiele dann auch auf aktuellen Rechnern zum Laufen zu bringen.

Fazit

Beide Methoden haben ihre Vor- und Nachteile. Emulatoren sind ganz klar die günstigste Methode, denn hier ist keine Extra-Hardware notwendig. Hier kann allerdings mitunter eine Frickelei entstehen, um das Beste aus den Spielen rauszuholen. Und gerade der Betrieb von Direct3D-beschleunigten Spielen, die um die Jahrtausendwende erschienen, die keinen flüssigen Betrieb auf älteren emulierten Systemen und neueren realen Systemen garantieren, kann sich in der aktuellen Situation etwas schwierig gestalten. Dagegen hilft allerdings die teure, aber relativ idiotensichere Methode der echten Hardware. Einmal perfekt vorkonfiguriert kann man damit unabhängig von seinem eigenen Hauptrechner seine Lieblingsspiele von damals unbeschwert spielen, bis die Hardware aus Altersgründen den Geist aufgibt. Also, ewig lange wird uns diese Methode nicht bestehen bleiben, bis dahin muss es noch gute, ausgereifte und vor allen Dingen umfangreiche Emulatoren geben. Auch wenn dabei die Authentizität flöten geht. ∎

Der Autor

Kevin Puschak, Jahrgang 1994, beschäftigt sich mit Computerspielen und Computertechnik, insbesondere aus den 90er Jahren. Doch auch vor neueren interessanten Sachen macht er nicht Halt.

Webseite: https://www.kepuweb.de

mono

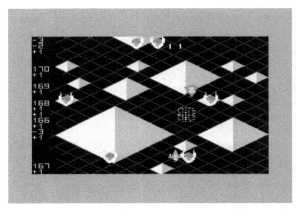

*Im August 2018 ist mit „mono"
ein neues Shoot'em-Up für den
Commodore 64 erschienen.
Entwickelt wurde es seit Dezember 2017 von den Schweizern
Raphael Graf (geb. 1976) und
Clay Spoerri (geb. 1981). Die
Kunststoffverpackung enthält
ein schwarzes Modul, eine Seriennummer, eine gefaltete Anleitung, einen Aufkleber
und einen Ansteck-Pin. Cartridge und Anstecker sind dabei exklusiv mit dem „mono"-Schriftzug gestaltet und wirken neben dem silbernen Cover sehr edel.*

von Simon Quernhorst

Das Spiel erscheint interessanterweise ausschließlich als Modul und ist nur auf PAL-Versionen des C64 und C128 lauffähig. Es umfasst 16 kB (entspricht ca. 64 Blocks) und kann sowohl mit dem Joystick als auch den WASD-Tasten und der Leertaste gespielt werden. Aufgrund der Joysticksteuerung ist das

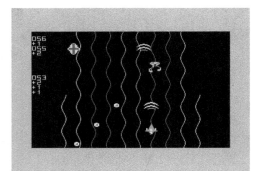

Spiel auch für C64GS geeignet – nur die Endsequenz kann man mangels RUN/STOP-Taste auf der Konsole nicht mehr verlassen. Die RESTORE-Taste sollte man übrigens besser nicht berühren, denn diese führt zum Absturz des Spiels.

Nach einem minimalistischen Titelbildschirm gelangt man sofort in den ersten der insgesamt sechs vertikal scrollenden Level. Die titelgebende Raumschiffpilotin kann „P"-Symbole einsammeln und damit die Schüsse des Raumschiffs in insgesamt vier Stärken ausbauen und natürlich dürfen auch die obligatorischen Bosskämpfe am Levelende nicht fehlen – z.B. in Level 4 in Form eines aggressiven MOS6510-Prozessors, der mit Nullen und Einsen um sich schießt. Begleitet wird das Spiel dabei von einem eigenen Soundtrack aus acht Musikstücken.

Als Besonderheit wird der gesamte Spielbildschirm unablässig gescrollt und deshalb werden die Punkte am linken Bildschirmrand in Form einer fortlaufenden Rechnung mitgezählt. Weitere Anzeigen gibt es nicht, denn die Punkteanzeige dient gleichzeitig als Energiekonto: bei jedem Abschuss bekommt man Punkte hinzu und bei jeder Kollision werden Punkte abgezogen – außerdem wird die Waffenstärke dann wieder um eine Stufe reduziert. Sobald die Punkte unter Null fallen, ist das Spiel vorbei. Auch die GameOver- und Level-Meldungen werden dabei einfach im Bildschirm mitgescrollt. Pilotin Mono kann ihr Raumschiff in alle vier Richtungen aus dem Bildschirm heraussteuern und erscheint dann sofort wieder am jeweils gegenüberliegenden Bildschirmrand. Auf diese Weise lassen sich viele Gegner und deren Geschosse überlisten. Da alle Gegner von oben angreifen, ist die vertikale Bewegungsfreiheit jedoch weniger nützlich als die horizontale.

Die ersten fünf Level sind flott durchgespielt. Der sechste Level bietet jedoch eine zusätzliche Schwierigkeit, weil die Pfeile der Hintergrundgrafik das Raumschiff horizontal ablenken. Deshalb ist der letzte Level viel härter als die vorherigen Stufen und man muss die ersten fünf Stages nutzen, um sich ein ordentliches Punkte-/Energie-Konto für den finalen Level und den Endgegner zuzulegen. In der abschließenden Endsequenz wird dann die finale Punktzahl angezeigt, eine Hi-Score-Liste gibt es leider nicht. Trotzdem macht das Spiel immer wieder Spaß, wenn man versucht, seine eigene Punktzahl zu verbessern.

Die optische Präsentation ist – vermutlich aufgrund der Kapazität des Moduls – etwas schlicht geraten, die einzelnen Elemente wiederholen sich oft und präsentieren eine mechanische Abstraktion in Form von Wellen, Blasen, Leiterbahnen, isometrischen Kisten oder Pyramiden. Diese Darstellung passt jedoch sehr gut zu den enthaltenen SID-Stücken und dem Gameplay und bildet so ein gelungenes Retro-Gesamtwerk. Als Modulfan finde ich die exklusive Veröffentlichung auf diesem Medium natürlich klasse, für viele Zocker wäre allerdings eine parallele Veröffentlichung als Datei praktischer gewesen. Die erste Produktionsauflage von 100 Modulen wurde innerhalb einiger Wochen verkauft, weitere Exemplare werden nach Bedarf produziert.

Bezogen werden kann das Spiel für 39,90 Euro (inkl. Versandkosten) über die Website https://clay.ch/mono. ∎

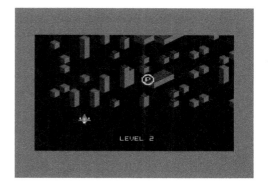

Einwickeln mit Stil

Wer den Nerd seines Lebens zu Weihnachten[1] mit Eleganz und Stil beeindrucken möchte, hat es schwer beim Erwerb von Geschenkpapier. Ob im Einzelhandel oder in Online-Shops: Geschenkpapier mit Geek-Faktor gibt es in diesem Jahr kaum zu kaufen.

von Marleen

Die Antwort: Selbermachen! Selbermachen macht Spaß, und ein Kartoffeldruck im Pac-Man-Design bekommen sogar Vierjährige hin. Doch wer sich für künstlerisch unbegabt hält oder schlichtweg keine Zeit hat, kann glücklicherweise auch hierfür professionelle Lösungen in Anspruch nehmen.

Auf spoonflower.com wird neben Stoffen und Tapeten inzwischen auch Geschenkpapier auf Bestellung gedruckt. Es gibt bereits vielerlei interessante Motive zur Auswahl – Game-Controller, Würfel, TARDIS, Harry Potter, Comic-Motive, Space Shuttle und so weiter. Und ist die Auswahl nicht ausreichend, dann kann man auch sein eigenes Design hochladen.

Das Schöne an der Sache ist, dass Spoonflower seit zwei Jahren unter anderem eine Druckerei in Berlin nutzt und dadurch ein Versand an deutsche Adressen schnell und einfach möglich ist. Die Kosten liegen so zwar immer noch höher, als wenn man sein Geschenkpapier im Supermarkt kauft, dabei fallen aber immerhin für Lieferungen an deutsche Adressen keine Portokosten oder Import-Gebühren an.

Marleen hat bereits ein paar persönliche Favoriten gefunden... ∎

[1] ... oder zum Geburtstag

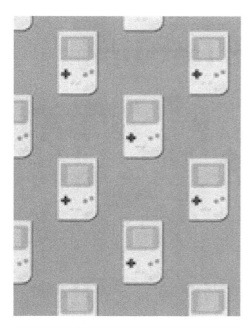

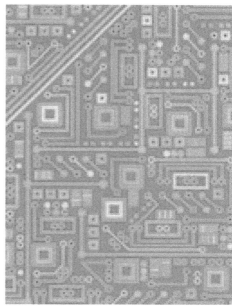

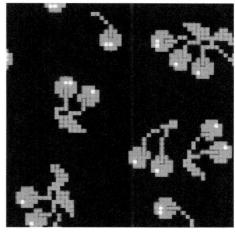

Infos
Bezugsquelle: spoonflower.com

Ein schwieriges Rettungs-manöver

Bereits 2017 ist bei poly.play für den C64 das Spiel Rescuing Orc erschienen, das ich dank Klemens Franz, der mir die edle Modul-Edition geschenkt hat, ausführlich spielen durfte. Die Box der Collector's Edition ist äußerst aufwendig und liebevoll gestaltet. Aber hält das Spiel, was die Verpackung verspricht?

von Georg Fuchs

Rescuing Orc ist ein klassisches Jump'n'Slash-Spiel, das spielerisch, optisch und auch musikalisch in der Tradition zahlreicher Plattformspiele der 8-Bit-Ära steht. Die Story kann kurz und schmerzlos folgendermaßen zusammengefasst werden: Der von uns gesteuerte Sprite-Kobold muss seinen besten Freund Orc (nomen est omen) suchen, da dessen angekündigter Besuch zum gemeinsamen Tee nicht zustande gekommen ist. Das lässt natürlich Schlimmes befürchten und es gilt keine Zeit zu verlieren.

In der Spielewelt „World of Magica", deren fünf Regionen nicht weniger suggestive Namen tragen, muss unser namenloser Held mithilfe seines – im Verhältnis zu den Gegnern, die uns auf unserer Reise begegnen – etwas klein geratenen Schwerts und seiner Sprunggelenke gefährliche Widersacher, tiefe Schluchten, reißende Bäche und andere Gefahren überwinden, um die Herrschaft des Königs, der sein Schicksal in die Hände wenig

vertrauenswürdiger Zauberer von niedriger Gesinnung gelegt hat, zu brechen und seinen Freund Orc zu retten.

Rescuing Orc wird in bester C64-Tradition am besten mit purer Joystickakrobatik gemeistert. Natürlich kann auch auf die Tastatur zurückgegriffen werden, sollte kein Vertreter der Gattung Competition Pro zur Verfügung stehen. Lediglich zum Ein- und Ausschalten der Musik im Spiel ist eine Taste, die 1, nötig.

Die Levels bestehen aus Einzelbildschirmen, Scrolling gibt es keines. Zu Beginn des Abenteuers stehen wir in einem Wald und ein schlei-

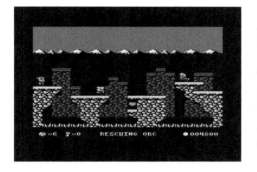
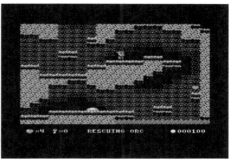

miges, kugelförmiges Wesen bewegt sich auf unseren grünhäutigen Kobold zu. Ein Schwerthieb genügt, um es ins Jenseits zu befördern. Ich bewege mich nach links und betrete einen neuen Bildschirm. Auf der oberen Ebene bewegen sich zwei feindselige Kobolde, die auf mich schießen, sobald ich in ihrer Reichweite bin. Das ist unfair, da ich nur ein Schwert und keine Waffe mit größerer Reichweite habe. Noch dazu müssen die Kobolde mehrmals getroffen werden, um zu verschwinden. Bereits jetzt wird klar: Rescuing Orc ist richtig, richtig schwierig.

Ich ignoriere die Kobolde also vorerst und lasse mich in einen kleinen Abgrund fallen, wodurch ich mich einen Bildschirm nach unten bewege. Hier gibt es nur die einfacher zu besiegenden Schleimbälle. Je nach Farbe müssen diese jedoch ebenfalls mehrfach getroffen werden, aber wenigstens schießen sie nicht zurück. Stürze scheinen dem Kobold wenig anzuhaben, solange er nicht ins Wasser fällt. Ein paar Räume weiter hängt eine Fledermaus an der Decke, die sich auf mich stürzt, als ich mich nähere. Sie braucht drei Treffer, bewegt sich aber auf schnell durchschaubaren Bahnen und ist keine große Gefahr.

Schwieriger sind da schon die Sprünge über die zahlreichen Abgründe, die sehr genaues Timing und übergroße Präzision verlangen.

Das ist ärgerlich, da das Spiel dadurch nicht gewinnt, sondern häufig unnötig frustrierende Passagen enthält. Wenn nicht sofort ein Leben verloren geht, was meistens der Fall ist, landet man in einem längst durchquerten Raum, wobei alle bereits besiegten Gegner wieder an ihrem Platz sind und erneut per Feuerknopf-Schwerthieb oder Flucht überwunden werden müssen. Wer fleißig Objekte einsammelt, wird mit Punkten belohnt, auch Extraleben gibt es. Manche Schlüssel(objekte) sind Voraussetzung für das Orc-rettende Weiterkommen im Spiel.

Grafisch wird kein Wunderwerk geboten, aber die Bildschirme sind ausreichend detailreich gestaltet und verbreiten wohlige Retro-Atmosphäre. Die Musik erinnert stark an den Klang der NES-Konsole. Der Soundtrack besteht aus acht kurzen Stücken, die sich bald wiederholen, das Spiel aber angemessen untermalen. Jeder Bereich der Spielewelt hat seine eigene Melodie, dazu kommen unspektakuläre Soundeffekte und eine kurze Game-Over-Melodie.

Für Spielecode, Musik und Grafik zeichnet Juan J. Martinez verantwortlich. Den Ladescreen pixelte Vanja Utne, Ralph Niese gestaltete die Illustration des Covers. Die edle Veröffentlichung verdanken wir dem Leipziger Publisher poly.play, gegründet im Jahr 2016.

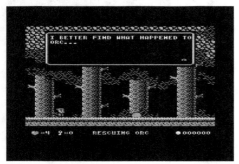

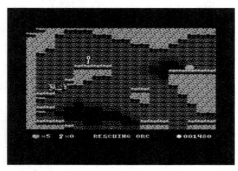

Poly.play ist auf Retro-Plattformen spezialisiert, hinter dem ganzen Unterfangen steht
Sebastian Bach.

Rescuing Orc ist kein absoluter Meilenstein
der C64-Geschichte wie Sam's Journey, aber
dennoch ein solider und schwieriger Platformer für geduldige Joystickakrobaten mit einer
gewissen Frustrationstoleranz. Wer nicht auf
der Suche nach dem schnellen Erfolg ist, wird
sich mit diesem Spiel schnell anfreunden und
sogar Freund Orc wiederfinden. Mir ist das
aufgrund des hohen Schwierigkeitsgrades verwehrt geblieben.

Die Box der Collector's Edition ist äußerst
liebevoll gestaltet. Neben einem Anleitungsheft gibt es mehrere Aufkleber und ein Farb-
poster mit dem Motiv der Box im DIN-A3-
Format. Das Spiel selbst liegt als schwarzes
C64-Modul vor. Zusätzlich befindet sich in
der Box eine Micro-SD-Karte, die neben dem
Spiel als Disk-Image (d64) den Soundtrack im
MP3-Format, Concept Art und Videos sowie
eine mittels VICE unter Windows und macOS
ohne Installation eines Emulators direkt lauf-
fähige Version des Spiels enthält.

Neben dem Modul (35 Euro) gibt es Rescuing Orc auch auf Kassette (20 Euro) und Diskette (20 Euro – alle Preise zuzüglich Versandkosten). ∎

Infos
https://www.polyplay.xyz

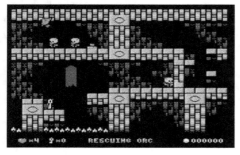

RESCUING ORC

WORLD OF MAGICA

ebox.net

For your
Commodore 64

distributed by
poly.play
WWW.POLYPLAY.XYZ

Strip Fighter II (PC-Engine)

*Die Serie Retro Treasures beschäftigt sich mit seltenen oder
ausgefallen Produkten der Video- und Computerspielgeschichte und befasst sich in dieser Ausgabe mit Strip Fighter II
(PC-Engine).*

von Simon Quernhorst

■ Abb. 1: Die Qual der II. Wahl: Strip or Street?

Die japanische PC-Engine (in den USA wurde das System als „TurboGrafx 16" veröffentlicht) ist eines meiner Lieblingssysteme:
viele tolle Umsetzungen bieten kurzweili-
gen Arcade-Spaß für zu Hause. Und auch für
Sammler sind einige Raritäten dabei, so z.B.
das abstruse „Strip Fighter II" der Firma Games Express, welches 1993 als HuCard für die
NEC-Konsole erschien. Der Name zielt dabei
natürlich auf Capcoms Erfolgstitel „Street
Fighter II" ab: für die PC-Engine erschien 1988
der erste Teil dieser Spieleserie komischerwei-
se unter dem abweichenden Namen „Fighting
Street" und 1993 folgte dann „Street Fighter II'
Champion Edition".

Die Ähnlichkeiten zwischen dem Original
Street Fighter II' und dem Plagiat Strip Fighter II sind dabei offensichtlich: gleiche Menüs,
jeder Kampf geht über maximal drei Runden,
unterschiedlich starke Schläge und Tritte, Spezialangriffe, Bonuspunkte, Sprachsamples,
horizontal scrollende Stages. Genau wie Street
Fighter II unterstützt auch die Parodie das
Avenue-6-Button-Pad. Auch der Schwierigkeitsgrad lässt sich in beiden Spielen zwischen
einem und acht Sternen einstellen.

Die Unterschiede liegen vor allem in der
Freizügigkeit der enthaltenen Grafiken – wie
auch bei den anderen Spielen des unlizenzier-

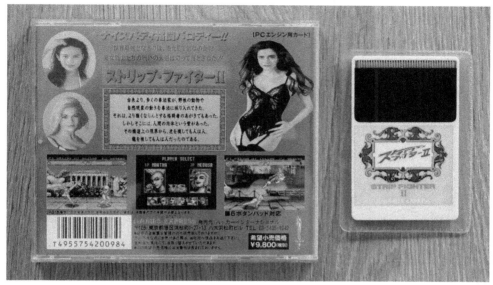

■ Abb. 2: Box-Rückseite und HuCard

ten Entwicklers Games Express. Es stehen sechs Kämpferinnen zu Auswahl und einige Spezialangriffe bringen nackte Tatsachen auf den Bildschirm. Um die Auswahl der gewünschten Kämpferin zu vereinfachen, fasst die japanische Anleitung die wichtigsten Daten und Angriffstechniken zusammen: dabei werden neben den Blutgruppen auch die Maße der Damen angegeben.

Nach der ersten gewonnen Runde sieht man eine vertikal oder horizontal scrollende Zwischensequenz mit einer Grafik der besiegten Gegnerin in Unterwäsche. Nach gewonnenem Kampf erfolgt die Darstellung dann gänzlich ohne Kleidungsstücke – der Schambereich bleibt dabei durch vergrößerte Pixel stets unkenntlich. Die Ähnlichkeit zwischen den Kämpferinnensprites und den gezeigten Grafiken ist teilweise gering und die Anzeige der Grafiken erfolgt auch nur, wenn ein Schwie-

■ Abb. 3: Screenshot der Zwischensequenz

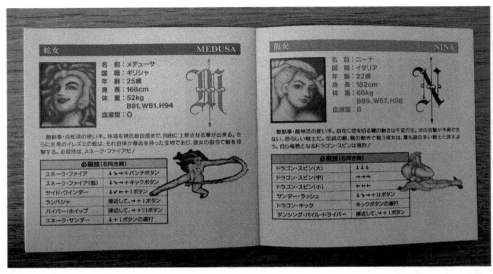

■ Abb. 4: Die wichtigsten Fakten auf einen Blick…

rigkeitsgrad ab vier Sternen gewählt wurde, ansonsten wird der Kampf einfach fortgesetzt. Dank einiger leicht lernbarer Spezialangriffe ist das Spiel zügig durchgespielt und sollte man zwischendurch einmal einen Kampf verlieren, kann man dank Continue-Funktion einfach weiterspielen – dabei bleiben sogar die bisherigen Punkte erhalten.

Weitere Kämpferinnen gibt es leider nicht, also auch keinen finalen Endboss wie bei anderen Prügelspielen üblich. Nach Sieg über alle sechs Gegnerinnen (inklusive Mirror-Match) werden alle zwölf Unterwäsche- und Nacktszenen nochmals direkt hintereinander gezeigt. Nach Ende des Spiels kann man sich gegebenenfalls in die Top-5-Liste eintragen.

Auch wenn sowohl Street Fighter II als auch Strip Fighter II im selben Jahr 1993 erschienen sind, fällt bei Strip Fighter II erwartungsgemäß alles schlechter aus: die Hintergrundanimationen fehlen, die Anzahl der Kämpfer und deren Animationsstufen ist geringer, die Steuerung und die Angriffstechniken sind weniger ausgefeilt – der Fokus der Entwickler lag ganz offensichtlich nicht auf der Spielbarkeit…

Einige Zeit später wurde die Namensähnlichkeit zu Capcoms-Prügelserie erneut ausgenutzt und der japanische Hersteller „StudioS" veröffentlichte im Jahr 2008 „Strip Fighter IV" und anno 2010 „Super Strip Fighter IV" – allerdings nicht mehr als Konsolenspiele sondern für den heimischen PC.   ■

Der Autor

Simon Quernhorst, Jahrgang 1975, ist begeisterter Spieler und Sammler von Video- und Computergames und Entwickler von neuen Spielen und Demos für alte Systeme. Zuletzt durchgespielter Titel: Diced-64 (C64).

Die famose Klangwelt des Commodore 64 anhand zweier konkreter Beispiele aus dem goldenen Zeitalter und der Neuzeit des SID-Chips – von Martinland

Nightdawn, Sub-Song 2 (1988), geschaffen von Johannes Bjerregaard:

Diesmal haben wir die Ehre, zwei Stücken, die Glenn Rune Gallefoss höchstselbst bei Back in Time Live 2018 in Bergen auf dem C64 dargeboten hat, zu lauschen. Das erste ist dieses epische Stück SID-Geschichte, das eigentlich jeder schon irgendwann einmal gehört haben sollte*, mit seinem in den SID-Chip gebannten, perlenden Fretless-Bassisten. Nach etwas mehr als zwei Minuten gesellt sich das Hauptthema zur

Session und erklingt bis zum Zwischenteil. Soliert wird dann nach vier Minuten zwanzig, und zwar nicht zu knapp. Vor der sechsten Minute folgt schlussendlich ein lyrischer Teil in Half-Time, ehe es wieder zur Sache (zum Loop ;-)) geht. Danke für diesen Klassiker auf dem alten SID, Glenn!

http://csdb.dk/sid/?id=4044

* Kein Wunder, ist es doch bis jetzt in ziemlich genau hundert (!) Demos aufgetaucht.

Messy One (2007), geschaffen von Jeff alias Søren Lund:

Im zweiten von GRG in seinem „Commodore Café" angespielten Chip-Werk wird der neue SID von Jeff im wahrsten Sinne des Wortes zum Singen gebracht, gleich von Anbeginn. Ein richtig fetter Bass – des SID-Genießers liebster Klang – lädt nach einer Minute zum Solieren ein, was auch prompt geschieht. Mission erfolgreich!

http://csdb.dk/sid/?id=37695 ∎

Shadow Switcher

Am 15.09.2018 wurde auf der DoReCo-Party (Dortmunder Retro Computer) das neue Spiel „Shadow Switcher" von Christian Gleinser a. k. a. Dr. Wuro Industries vorgestellt. Nach einer Entwicklungszeit von ziemlich genau einem Jahr ist es diesmal, nach seinen vorherigen Multiplayer-Spielen Shotgun und Frogs, ein Jump'n'Run für einen oder zwei Spieler geworden.

von Simon Quernhorst

Die Präsentation des Spiels orientiert sich bewusst an den einfachen Darstellungen der frühen 1980er Jahre, so sind die Buchstaben im Originalzeichensatz dargestellt und es werden nur wenige Farben pro Bildschirm verwendet. Spielerisch und grafisch lässt sich „Shadow Switcher" am ehesten mit „Lode Runner" (Brøderbund, 1983) vergleichen. Man steuert ein Sprite, sammelt Münzen und Schlüssel, weicht den bis zu sechs gegnerischen Robotern aus und versucht, unbeschadet den Levelausgang zu erreichen. Die Steuerung vermittelt dabei ein sehr direktes Spielgefühl und erlaubt z.B. auch einen Richtungswechsel während des Fallens. Der eigentliche Clou des Spiels ist jedoch die Verwendung des Feuerknopfs: Statt damit zu springen oder Löcher zu graben, wechselt der Spieler zwischen zwei Spielfiguren. Nur die jeweils aktive Figur kann gesteuert werden – aber auch nur die aktive Figur kann von Gegnern getroffen werden, denn am namensgebenden inaktiven Schatten laufen die Gegner einfach vorbei.

Das Spiel umfasst 40 bildschirmgroße Räume und es macht riesigen Spaß, den Ablauf jedes Levels zu studieren und sichere Plätze zu finden, die die Roboter nicht erreichen können. Wer seinen Schatten entsprechend parkt, kann mit der anderen Figur wesentlich beruhigter den Level erkunden. Der Ausgang öffnet sich nämlich erst, wenn alle Münzen eingesammelt wurden. In manchen Räumen kann man sogar ein wenig abkürzen, so dass nicht immer alle Schlüssel auch tatsächlich benötigt werden. Begleitet wird das Spiel dabei von einer eingängigen, aber nach einiger Zeit etwas monotonen Musik, hier wäre ein wenig Abwechslung durch verschiedene SID-Stücke schön gewesen.

Der enthaltene Zwei-Spieler-Modus schaltet mit dem Feuerknopf dann auch den Joystickport um, so dass jeder Spieler eine der beiden Figuren kontrolliert. Ansonsten verhält sich das Spiel identisch und sorgt auf diese Weise für gemeinsame Hektik und mehr oder weniger freundliche Kommunikation außerhalb des Bildschirms.

Sind alle Leben verbraucht, muss man das nächste Spiel von vorne beginnen. Continues oder Passwörter gibt es nicht. Sollte man übrigens tatsächlich einmal nicht weiterkommen oder in einem späteren Level beginnen wollen: mit der Tastenfolge „VSTBO" lässt sich ein Level überspringen. Das Spiel speichert eine Highscore-Tabelle, so dass auch das wiederholte Spielen immer wieder einen Anreiz bietet. Verbessern kann man sich eigentlich nur durch das Erreichen weiterer Levels, weil die Anzahl der zu sammelnden Dinge und Bonuspunkte je Level immer konstant ist.

Neben den vorhanden Räumen lassen sich im eingebauten Editor eigene Bildschirme erzeugen. Die Bedienung wird auf einer Hilfe-Seite erklärt und ist sehr intuitiv. Auf Diskette gespeichert wird jeder Level als einzelne Datei. Im Hauptmenü des Spiels kann man dann wählen, ob man die eingebauten „Regular Levels" oder alle vorhandenen „User Levels" hintereinander spielen möchte. Dies halte ich für eine sehr komfortable Lösung. ∎

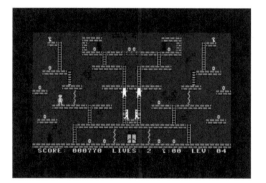

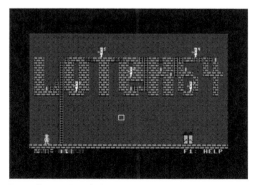

■ Lotek64 im Leveleditor

Infos

Das Spiel ist als kostenloser Download erhältlich und kann auf Diskette erworben werden. Mehr Informationen und Download unter:
http://www.drwuro.com/

Amiga 690 – Beginn der CD-Revolution

Commodore meldete sich sechs Jahre nach der Einführung des Amiga an der Spitze der Innovation zurück. Das „Commodore Dynamic Total Vision" (CDTV) war wohl der erste weltweit angebotene Computer, der serienmäßig ein CD-Laufwerk verbaut hatte (das Fujitsu FM-Towns wurde zwar schon ab Februar 1989 verkauft, jedoch nur in Japan). Ein halbes Jahr vor dem direkten Konkurrenten Philips CDI, im April 1991, sollte das CDTV aus dem TV eine Multimedia-Zentrale werden lassen. Der „Videorekorder der 1990er-Jahre", wie Commodore sein Produkt beschrieb, sollte neue Kundenkreise erschließen und in jedem Wohnzimmer stehen. Die Bedienung war einfach und durch das neue Medium CD sollten neue Möglichkeiten im Bereich der Animation, des Tons und der Interaktivität verwirklicht werden.

von Stefan Egger

Um dieses Vorhaben zu unterstützen, wollte Commodore die CDTV-Plattform stärken und mit einer breiteren Installationsbasis von CD-Geräten mehr Entwickler und damit letztendlich auch Kunden gewinnen. Da das CDTV ein erweiterter A500 war, sollten auch A500-Besitzer die Möglichkeit haben CDTV-Software zu nutzen. Commodore entwickelte daher ein A500-Add-On mit dem Namen A690, welches den A500 in ein CDTV verwandelte.

Nachdem ein Prototyp mit komplett anderem Gehäuse vorgestellt wurde, produzierte Commodore eine Kleinserie des A690. Das A690 war der Prototyp des später auf den Markt gekommenen A570 CD-Laufwerks und diesem schon sehr ähnlich. Während das A690 noch eine Platine in Revision 2.2 mit einigen Fehlern besaß (welche mit Kabelbrücken ausgebessert werden mussten), war die finale Version in der Serienproduktion Revision 2.5. Weitere Unterschiede sind etwa ein im A690 noch verbauter Akku (vermutlich zum Speichern der CDTV-Optionen wie der bevorzugten Sprache) sowie eine ältere Extended-ROM-Version (2.0 statt 2.30).

Die Technik

Das A690 teilte sich mit dem CDTV viele Bauteile: Ein spezielles ROM, das sogenannte

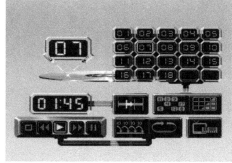

Extended-ROM, erweiterte das Kickstart um Startanimation, CD-Treiber und Audio-CD-Abspielsoftware. Ist das A690 am Amiga angeschlossen und eingeschaltet, so erscheint statt des Kickstart- ein CDTV-Bildschirm: Ein Lichtstrahl ergibt – von einer CD reflektiert – das CDTV Logo. Jim Sachs kreierte dieses User-Interface sowie die ausgeklügelte Methode zur Kompression, um die aufwendige Animation in den kleinen ROM-Baustein pressen zu können.

Doch nicht alle Funktionen des CDTV waren im A690 vorhanden: Es fehlten z.B. die MIDI-

Anschlüsse, das Display und der IR-Port für die CDTV Fernbedienungen (die Tasten darauf wurden über die A500-Tastatur simuliert).

Die Namensgebung

Die seltsame Namensgebung – sie legt nahe, dass es ein Zubehör für den A600 sei – wurde vor dem Verkaufsstart nochmals überdacht und geändert: Die 5 im Namen 570 bedeutet, dass es Zubehör für den Amiga 500 ist, die 7 kann man als Kennzeichen für „CD-ROM-Produkt" interpretieren und die 0 zum Schluss ist meist die Nummer für spätere Verbesserun-

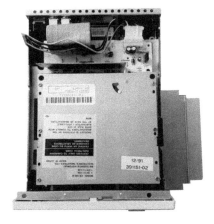

gen. So war die A2091-Karte ein verbesserter A2090-SCSI-Controller für den A2000. Die A590 war ein SCSI-Controller bzw. eine Festplatte für den A500. Daraus folgend müsste das A690 also ein SCSI-Controller bzw. eine Festplatte für den A600 sein. Wie der Name A690 zustande kam, kann heute nicht mehr nachvollzogen werden. Die Änderung erfolgte jedoch vermutlich, um eine Verwechslungsgefahr mit dem kurz vor Produktionsstart von A300 in A600 umgetauften neuen Computer zu vermeiden, welcher ebenfalls zu dieser Zeit auf den Markt gebracht wurde.

Die Strategie

Commodore landete mit dem CDTV den nächsten Hit – so zumindest der ambitionierte Plan von Irving Gould, dem mächtigen Mann hinter Commodore. Er hatte mit Computern nichts zu tun, stand jedoch hinter dem CDTV, weil es ein Computer sei, den „selbst er verwenden könne". Es zeigt, wie wichtig das CDTV intern war und wie viele Hoffnungen darin lagen, den Markt zu erobern und neue Käuferschichten zu erreichen. In vielen Punkten, wie der einfachen Bedienung, dem klaren Design, dem kabellosen Zubehör, den Flash-Speicherkarten und der CD-ROM-Technologie (ein Medium,

das im Computerbereich für viele kommende Jahre den Ton angab) zeigte sich, dass Commodore es ernst meinte.

Erstmals schien es auch eine klare Strategie zu geben, um eine neue Plattform und gleichzeitig ein neues Medium in den Markt einzuführen. Ein breit aufgestelltes Angebot an Hardware mit dem brandneuen CDTV und dem Plan, A500-Besitzer zum Kauf des CD-Add-Ons zu überreden, waren Maßnahmen, um die Plattform zu einem Erfolg zu machen, Entwickler zu überzeugen und die in Entstehung begriffene Konkurrenz stückzahlmäßig zu überflügeln.

Die Katastrophe nahm ihren Lauf

Doch was auf dem Papier gut klang, wurde zu einer Katastrophe für Commodore: Das CDTV war zu teuer in der Produktion und verkaufte sich nach anfänglicher Euphorie und guten Verkaufszahlen nur noch schleppend. Das A570 kam erst 1992 auf den Markt – zu spät, um die Plattform zu etablieren. Während Commodore neue Computer wie den A600 auf den Markt brachte, zu denen das A570 inkompatibel war, wurde der langsam veraltete A500 abgesetzt und durch den unbeliebten A500 Plus ersetzt. Man hatte nun ein teures CD-Laufwerk für eine langsam aussterbende Plattform, das zu neuen Produkten inkompatibel war. Die Folge: Das A570 wurde in den kommenden Jahren zu Schleuderpreisen (und mit großen finanziellen Verlusten) abverkauft. Schon Anfang 1994 bekam man das ehemalige Technikwunder zum Preis von zwei CD32-Software-Titeln.

Das CDTV und das A570 nutzten eine CD-Mechanik mit einfacher Geschwindigkeit. Durch den verwendeten Caddy-Mechanismus musste man die CD zuerst in eine Hülle einlegen und diese dann – ähnlich zu Disketten – in das Laufwerk schieben. Die aufwendige, in Japan von Matsushita produzierte Mechanik war unpraktisch und teuer. Von Entwickler Jeff Porter wurden Einkaufspreise von 400 Dollar genannt. Im Vergleich: Der Prototyp des auf Kostenreduzierung getrimmten Nachfolgers des CDTV, das CDTV-CR, nutzte nur noch einen einfachen Sony-Laser aus dem Audio-Bereich. „Nein, nein, nein, Jeff, den kannst du nicht nutzen", so die Sony-Leute. Doch die Entwickler bei Commodore zeigten der gesamten Industrie, wie man günstige CD-ROM-Laufwerke herstellt: Die Kosten des

CD-Laufwerks konnten von 400 auf nur noch 15 Dollar gesenkt werden. Diese letzte Innovation von Commodore fand den Weg in die Läden, denn das CD32 nutzte denselben Laser wie das nie erschienene CDTV-CR. Einmal mehr hinterließ Commodore Spuren in der Computergeschichte: Der „15-Dollar-Laser" wurde zum Industriestandard und startete die Revolution der CD-basierten Unterhaltungsindustrie – doch das ist eine Geschichte für ein anderes Mal. ■

Infos
A690: http://scacom.bplaced.net/ Collection/690/690.php
A570: http://scacom.bplaced.net/ Collection/570/570.php
CDTV: http://scacom.bplaced.net/Collection/ cdtv/cdtv.php

JUNI 2018

14.06.2018

Papier-Hardware zum Selbermachen mit Rocky Bergens Faltmodellen:
http://rockybergen.com/
whatsnew/2018/6/14/commodore-1541-disk-drive-papercraft

rockybergen.com

19.06.2018

Das Amiga-Spiel Worthy wurde veröffentlicht und kann für 10 US-$ erworben werden. Worthy läuft auf allen Amiga-Modellen ab 1 MB RAM.
https://www.usgamer.net/articles/a-brand-new-game-has-just-released-for-the-amiga-and-itll-cost-you-10

Vierzig Jahre ist es nun her, dass die Space Invaders die Erde attackierten.
https://blog.hnf.de/angriff-aus-dem-all/

Pixelschriften und „eckige Scheiße": Wer sich für Typographie interessiert, kommt am Schriften-Designer Erik Spiekermann nicht vorbei. Eben jener hat in der FAZ seinem Zorn über die Trikots der deutschen Fußball-Nationalmannschaft freien Lauf gelassen:
http://www.faz.net/aktuell/stil/mode-design/
erik-spiekermann-ueber-die-neuen-dfb-auswaertstrikots-15509625.html

20.06.2018

Der Amiga-Emulator WinUAE erscheint in Version 4.0.0 (20.06.2018).
http://www.winuae.net/2018/06/20/
winuae-4-0-0/

Viacom stellt den Musiksender VIVA ein.
https://www.dwdl.de/nachrichten/67363/
das_ende_einer_ra_viacom_stellt_viva_ein/

21.06.2018

Ein Baby wird siebzig: Das erste Gerät, das alle Bedingungen erfüllte, um als Computer bezeichnet werden zu können, rechnete am 21. Juni 1948 sein erstes Programm. Es war die „kleinformatige Versuchsmaschine" der Universität Manchester, auch bekannt als Manchester Baby.
https://blog.hnf.de/ein-baby-wird-siebzig/

22.06.2018

Bastien Nocera über die französischen 8-Bit-Heimcomputer der Firma Thomson:
http://www.hadess.net/2018/06/thomson-8-bit-computers-history.html

Ein Diablo-Fan hat den Quellcode des Spieleklassikers nachgebaut und auf Github veröffentlicht.
https://www.heise.de/newsticker/meldung/
Fan-rekonstruiert-Diablo-Quellcode-4090150.html

23.06.2018

Bintris, eine Tetris-Variante für den C64, wurde veröffentlicht.
http://nurpax.github.io/posts/2018-05-21-bintris-on-c64-part-2.html

Rocky Memphis – The Legend of Atlantis, ein C64-Spiel von Psytronik, kann für 4,99 US-$ erworben werden.

http://www.psytronik.net/newsite/index.
php/c64/97-atlantis

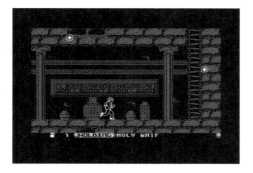

Ebenfalls von Psytronik veröffentlicht wurde das Spiel Organism von Trevor Storey und Achim Volkert, das Motive aus der Alien-Reihe aufgreift.
https://psytronik.itch.io/organism-c64

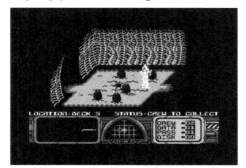

26.06.2018
Vor 20 Jahren erschien Windows 98.
https://www.theregister.co.uk/2018/06/25/
windows_98_at_20/

Das Spiel, das die goldene Games-Ära einläutete: 40 Jahre „Space Invaders"
https://derstandard.at/2000082216724/40-
Jahre-Space-Invaders-Das-Spiel-das-die-
goldene-Games

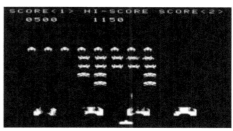

27.06.2018
Microsoft plant eine Neuauflage der Intelli-Mouse. Die beliebten Mäuse wurden von 1996 bis 2003 produziert.
https://blogs.windows.com/
devices/2018/06/26/a-legend-reborn-
microsoft-brings-back-the-iconic-mouse-the-
classic-intellimouse/

Eine Sammlung alter Betriebssystembücher in englischer Sprache:
http://www.tenox.net/docs/

28.06.2018
Die BBC stellt hunderte Computersendungen aus den 1980ern online.
https://www.golem.de/news/heimcomputer-
bbc-stellt-computersendungen-aus-den-
1980ern-online-1806-135205.html

Die sieben eingereichten Spiele des Sportspiele-Programmierwettbewerbs von Forum64 und Protovision wurden veröffentlicht und können kostenlos heruntergeladen werden.
https://www.protovision.games/
compos/2017/results.php?language=de

Vier kostenlose Spiele von Protovision:
Dodge
https://csdb.dk/release/?id=164993
Spikes
https://csdb.dk/release/?id=164994
Tacky
https://csdb.dk/release/?id=164995
Vector Runner
https://csdb.dk/release/?id=164996

Juli 2018

01.07.2018
miniGANGCART ist ein vielseitiges Modul für den Commodore 64 mit vielen nützlichen Tools und Funktionen.
http://gangc64.com/
http://www.lemon64.com/forum/viewtopic.php?t=68822
http://c-128.freeforums.net/thread/584/minigangcart
https://www.youtube.com/watch?v=QaytjWyg8bo

02.07.2018
Das Buchprojekt „SEGA Master System: a visual compendium" erhält auf Kickstarter die nötige Unterstützung.
https://www.kickstarter.com/
projects/2146199819/sega-master-system-a-visual-compendium

03.07.2018
Das kanadische Musik-Label Strudelsoft verkauft Musik auf 3,5"-Disketten und sorgt damit für Mini-Boom dieses Speichermediums.
https://derstandard.at/2000082738885/

Kanadisches-Musik-Label-sorgt-fuer-Mini-Boom-bei-Disketten

Die Performance der 8088-CPU in verschiedenen Rechnern im Vergleich:
https://retro.moe/2018/03/04/performance-of-the-8088-on-pc-pcjr-and-tandy-1000/

„Design case history: the Commodore 64", ein ausführlicher Artikel über den C64 aus dem Jahr 1985:
https://spectrum.ieee.org/ns/pdfs/
commodore64_mar1985.pdf

Was kann man mit einem Macintosh IIsi (20 MHz) heute noch anfangen?
https://arstechnica.com/features/2018/07/
classic-computing-joyride-cruising-through-modern-workloads-on-a-macintosh-iisi/

Der ursprüngliche Xbox-Prototyp erfreut sich bester Gesundheit:
https://www.eurogamer.net/articles/2018-07-01-the-original-xbox-prototype-is-alive-and-kicking

04.07.2018
Amiga Forever 7 und C64 Forever 7 werden veröffentlicht. Sämtliche Spiele lassen sich nun aus dem Windows Explorer heraus starten, darüber hinaus ist es möglich, den PC direkt in eine gewünschte Amiga-Konfiguration zu booten.

https://derstandard.at/2000082794955/
Neue-C64-und-Amiga-Emulatoren-
verwandeln-Windows-PC-zur-Retro

08.07.2018
Transportschutz für die 1541 bei Verlust des
Originals:
https://www.thingiverse.com/thing:2991671

Das C64-Spiel The Galleon 25th Anniversary
Edition (ungar.: A gálya) wird mit einer Indie-
gogo-Kampagne finanziert.
https://www.indiegogo.com/projects/the-
galleon-computers-software#/

Raveolution – R.O.L.E. WHQ: ein BBS auf
„echter" Hardware:
https://www.forum64.de/index.
php?thread/82845-vorstellung-c64-bbs-
raveolution/&postID=1278354#post1278354

Das C64-Spiel Exploding Fish ist nun nicht
mehr kostenpflichtig und kann hier heruntergeladen werden:

https://csdb.dk/release/?id=166115

10.07.2018
„20.000 Meilen": Wie ein Amiga-Virus ein Vi-
deospiel versenkte
https://derstandard.at/2000081580469/20-
000-Meilen-Wie-ein-Amiga-Virus-ein-
Videospiel-versenkte

Eine Geschichte der IBM-Tastaturen:
http://yeokhengmeng.com/2018/07/why-i-
use-the-ibm-model-m-keyboard-that-is-older-
than-me/

Der „Jackintosh": Erinnerungen an den Atari
ST
https://paleotronic.com/2018/07/08/the-
jackintosh-a-real-gem-remembering-the-atari-
st/

MorphOS 3.11 wurde veröffentlicht:
http://morphos-team.net/news

Amiga 600 FPGA (MiSTer) Conversion:
https://amigalove.com/viewtopic.
php?f=6&t=636

Ein Rückblick auf BFS, das Filesystem von
BeOS:
https://arstechnica.com/information-
technology/2018/07/the-beos-filesystem/

12.07.2018
Hero-U: Rogue to Redemption (Windows,
Linux) von Lori Ann Cole und Corey Cole wurde nach fünf Jahren Entwicklungszeit veröffentlicht und kann für 29,99 Euro erworben
werden.
https://www.gog.com/game/herou_rogue_to_
redemption

Fans sammeln 113.000 Dollar für das MS-DOS-
Spiel Planet X3 mit CGA- und VGA-Grafik:

https://derstandard.at/2000083349133/
Planet-X3-Fans-sammeln-113-000-Dollar-
fuer-neues-MS

Wie der Game-Boy-Emulator Cinoop entstanden ist:
https://cturt.github.io/cinoop.html

13.07.2018
Nintendos seltsamste und möglicherweise sel-
tenste Konsole:
https://arstechnica.com/gaming/2018/07/
hands-on-with-nintendos-weirdest-and-
maybe-rarest-classic-console-yet/

Nintendo versteckte in der GameCube-Version
von Animal Crossing einen voll funktionsfä-
higen NES-Emulator, der ROMs von Memory
Card laden kann.
https://arstechnica.com/gaming/2018/07/
nintendo-hid-a-load-your-own-nes-emulator-
inside-a-gamecube-classic/

Ben Szymanski hat den klassischen Mac-Fin-
der auf modernen Macs wiederbelebt.
https://www.heise.de/mac-and-i/meldung/
Klassischer-Finder-wiederbelebt-4109010.
html

Das C64-Spiel Trolley Follies wurde veröffentlicht, es läuft via Emulator unter Windows,
macOS, Linux und Android. Der Download ist

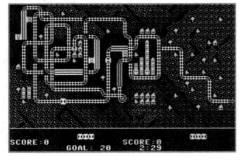

kostenlos, der Entwickler freut sich aber über
Spenden.
https://blackcastle.itch.io/trolley-follies

19.07.2018
50 Jahre Intel: Rückblick auf 50 Jahre große
Erfolge und große Misserfolge
https://www.heise.de/newsticker/
meldung/50-Jahre-Intel-Ein-persoenlicher-
Rueckblick-auf-50-Jahre-grosse-Erfolge-und-
grosse-Misserfolge-4111405.html

Originale NES-Controller mit Bluetooth betreiben mit einem Selbstbauset:
https://www.heise.de/newsticker/meldung/
Originale-NES-Controller-mit-Bluetooth-
betreiben-dank-Selbstbauset-4115613.html

21.07.2018
Fan-Projekt Return of the Tentacle: Prologue
– eine inoffizielle Fortsetzung des legendären
Adventures von LucasArts.
https://catmic.itch.io/return-of-the-tentacle

22.07.2018
Ein Video erzählt die Geschichte von Jungle
Hunt:
https://www.youtube.com/
watch?v=Jw2nsOJaCeU

The Andy Warhol Museum Amiga Exhibit – mit
Originalwerken, die auf einem Amiga 1000 erstellt wurden.
https://www.iontank.com/projects/warhol-
amiga

24.07.2018
Der Amiga – eine Dekade Pop Art in 16 Bit
https://www.heise.de/newsticker/meldung/
Zahlen-bitte-Der-Amiga-eine-Dekade-Pop-
Art-in-16-Bit-4118375.html

Erinerunngen eines Mitarbeiters: Wie war es,

bei Steve Jobs' NeXT zu arbeiten?
https://www.quora.com/What-was-it-like-to-be-a-software-engineer-at-NeXT-Did-workers-interact-with-Steve-Jobs/answer/Paul-King-2

Auf Gog.com ist nun die Dragon's Lair Trilogy (Dragon's Lair 1 und 2 sowie Space Ace) erhältlich.
https://www.gog.com/game/dragons_lair_trilogy

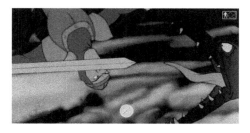

25.07.2018
Redream, ein Dreamcast Emulator für Windows, macOS und Linux, steht zum kostenlosen Download bereit (HD-Rendering kostet 5 US-$).
https://redream.io/

Altair 8800 – Beginn der Ära der Mikrocomputer:
https://twobithistory.org/2018/07/22/dawn-of-the-microcomputer.html

August 2018

03.08.2018
Quiz: Atari – von Pong bis heute
https://www.heise.de/newsticker/meldung/TGIQF-Atari-von-Pong-bis-heute-4128416.html

Retro Hardware: Amiga-Mainboards neu aufgelegt
https://www.heise.de/make/meldung/

Retro-Hardware-Amiga-Mainboards-neu-aufgelegt-4127417.html

Die BASIC Engine, ein Computerkonzept, das sich mit Bauteilen unter 10 Euro realisieren lässt.
https://basicengine.org/

Windows NT and VMS: The Rest of the Story
https://www.itprotoday.com/management-mobility/windows-nt-and-vms-rest-story

Apples Weg vom Rand des Abgrunds zum Billionenkonzern
https://derstandard.at/2000084667002/Apples-Weg-vom-Rand-des-Abgrunds-zum-Billionen-Konzern

---

05.08.2018
Der Mac-Port von VICE benötigt dringend Freiwillige.
https://www.forum64.de/index.php?thread/83307-last-call-for-vice-macos-devs/&postID=1287556#post1287556

C64-Spiel Rent-A-Cop Reloaded:
https://csdb.dk/release/?id=166946

YOOMP! 64, eine eindrucksvolle C64-Umsetzung eines Atari-Spiels, das stark an Trailblazer erinnert, kann gegen eine freiwillige Spende oder kostenlos heruntergeladen werden.
https://rgcddev.itch.io/yoomp-64

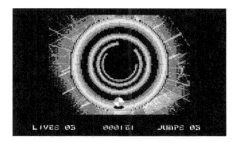

Der per Kickstarter-Kampagne finanzierte C64-Shooter Hunter's Moon Remastered von Thalamus kann für 12,99 US-$ heruntergeladen werden. Eine exklusive Modul-Version ist angekündigt und soll in Zusammenarbeit mit Protovision entstehen.
https://thalamusdigital.itch.io/hunters-moon-remastered

07.08.2018
Die digitale Pinnwand: Vor 45 Jahren startete im kalifornischen Berkeley das Community Memory, die erste Mailbox der Welt.
https://blog.hnf.de/die-digitale-pinnwand/

08.08.2018
SNES-Cartridge kommt nach Flug in Stratosphäre unversehrt zurück:
https://derstandard.at/2000084973651/14-Jaehriger-schickt-SNES-Cartridge-ins-Weltall-diese-uebersteht-den

11.08.2018
Vom Hacker zum Casinochef: Über die Erfinder des ersten Telegrafensystems der Welt, das 1794 in Betrieb ging.
https://blog.hnf.de/vom-hacker-zum-casinochef/

12.08.2018
Johannes Bjerregaard (Maniacs of Noise) ist an Krebs erkrankt. Um die Behandlungskosten zu decken, wird Geld gesammelt. Auch das Album „JB" erscheint zugunsten der Familie.
https://www.gofundme.com/JohannesFights
http://www.remix64.com/news/jb-charity-album-bjerregaard-family.html

14.08.2018
Eine „Remastered"-Fassung der Bard's-Tale-Trilogie ist erschienen.
https://www.gog.com/game/the_bards_tale_trilogy

https://store.steampowered.com/app/843260/The_Bards_Tale_Trilogy/

PC-RETRO Motherboard Kit: Für 190 US-$ (inkl. Versand nach Europa) kann die Reproduktion eines IBM-5150-Motherboards aus dem Jahr 1982 zum Selbstbau erworben werden.
http://www.mtmscientific.com/pc-retro.html

15.08.2018
31 Jahre später: Warum Qbasic immer noch super ist
https://derstandard.at/2000082806089/31-Jahre-spaeter-Warum-Qbasic-immer-noch-super-ist

17.8.2018
IT-Experte Maximilian Schönherr über die Entwicklung des Sounds in Computerspielen seit den Tagen von Pac-Man.
https://www.deutschlandfunk.de/musik-fuer-computerspiele-virtuelle-welten-erfordern.676.de.html?dram:article_id=425773

Die Zuse Z5, vor 65 Jahren die „größte Rechenanlage Europas":
https://blog.hnf.de/das-war-die-zuse-z5/

Ein Blick in Intels 8087-Koprozessor:
http://www.righto.com/2018/08/inside-die-of-intels-8087-coprocessor.html?m=1

19.08.2018
Redux Paint, ein Tool für iPad zur Bearbeitung von C64-Grafik (setzt die Entwicklungsumgebung Pythonista voraus, die für 10 US-$ erworben werden kann):
http://www.superrune.com/tools/reduxpaint.php
http://www.lemon64.com/forum/viewtopic.php?t=68717

Drei C64-Spiele: Magic Squares, Lights On, Lights Off
https://csdb.dk/release/?id=167052
https://csdb.dk/release/?id=167116
https://csdb.dk/release/?id=167117

Running out of RAM – an 80s BASIC programming simulator ist eine Wirtschaftssimulation, bei der man innerhalb von sieben Tagen eine Videoverwaltung schreiben muss.
https://www.forum64.de/index.php?thread/83442-mein-ldjam-enty-running-out-of-ram/&postID=1290315#post1290315

21.08.2018
Blue Byte kündigt für Herbst 2019 einen Neustart von Die Siedler an.
https://www.golem.de/news/aufbauspiel-blue-byte-kuendigt-neustart-fuer-die-siedler-an-1808-136112.html

ArcaOS 5.0.3, basierend auf OS/2, ist nun verfügbar.
https://www.arcanoae.com/arcaos-5-0-3-now-available/

Mit Klagen gegen mehrere Emulationsportale im Netz – wir haben in Ausgabe #57 darüber berichtet – lässt Nintendo Videospielegeschichte verschwinden.

https://derstandard.at/2000085519155/Nintendo-laesst-Videospielegeschichte-verschwinden

---

24.08.2018
Das neu aufgelegte Retro-Handy Nokia 8110 4G („Banana-Phone") im Test:
https://www.techstage.de/test/Retro-Feeling-Banana-Phone-Nokia-8110-4G-im-Test-4144960.html

Windows 95 als App auf macOS, Linux und Windows ausprobieren:
https://www.golem.de/news/github-windows-95-als-app-auf-macos-linux-und-windows-ausprobieren-1808-136171.html
https://github.com/felixrieseberg/windows95

Retrospiele hinter dem Eisernen Vorhang:
https://www.zdnet.com/pictures/photos-retro-computer-games-that-eastern-europe-played-as-iron-curtain-fell/

26.08.2018
Pixel Coffee „C64" aus dunkel gerösteten Arabica-Bohnen: dunkel, stark und nicht ganz billig.
https://www.amazon.de/Gemahlener-gemischter-Kaffee-ger%C3%B6steten-Arabica-Bohnen/dp/B077S4PRBW/ref=sr_1_2?ie=UTF8&qid=1534786307&sr=8-2&keywords=pixel+coffee+c64

28.08.2018
Die Entstehung von GoldenEye 007 (N64):
https://melmagazine.com/an-oral-history-of-goldeneye-007-on-the-n64-129844f1c5ab

Mit wideNES wird der Bildschirmausschnitt von NES-Spielen automatisch und in Echtzeit erweitert. Die Funktion ist im Emulator ANESE implementiert.
http://prilik.com/blog/wideNES

Zahlen, bitte! Die Compact Cassette – 60 Minuten zur Demokratisierung der Musik
https://www.heise.de/newsticker/meldung/Zahlen-bitte-Die-Compact-Cassette-60-Minuten-zur-Demokratisierung-der-Musik-4146463.html

30.08.2018
Eine Antwort auf die Frage: What The Hell Was The Microsoft Network?
http://www.codersnotes.com/notes/the-microsoft-network/

September 2018

04.09.2018
Sony bietet auch im Mutterland Japan keine Reparaturen mehr an und verabschiedet sich damit endgültig von der Playstation 2.
https://www.heise.de/newsticker/meldung/Sony-verabschiedet-sich-endgueltig-von-der-Playstation-2-4154802.html

BASIC programmieren lernen wie 1983:
https://twobithistory.org/2018/09/02/learning-basic.html

Ein Z80-Computer für Lochrasterplatine:
https://github.com/linker3000/Z80-Board

Nach 24 Jahren wird das letzte Geheimnis von „Doom 2" gelüftet.
https://derstandard.at/2000086558983/Nach-24-Jahren-Spieler-loest-das-letzte-Geheimnis-von-Doom

Warum das Leben auf dem Raumschiff Enterprise schrecklich wäre:
https://derstandard.at/2000086361255/Warum-das-Leben-auf-dem-Raumschiff-Enterprise-schrecklich-waere#

09.09.2018
Die Version 3 des C64-Textadventures Pirates of the Dark Waters wurde veröffentlicht.
https://www.lemon64.com/forum/viewtopic.php?t=68942

Das C64-Spiel Zilspleef wurde veröffentlicht.
https://www.lemon64.com/forum/viewtopic.php?t=68955

Im kostenlosen C64-Spiel Monsterjagd / Monster Hunt (englische und deutsche Fassung verfügbar) muss ein Ungeheuer in die Bildschirmmitte gelockt werden.
https://www.lemon64.com/forum/viewtopic.php?t=68956

Das Labyrinth ist ein auf den C64 portiertes VC20-Spiel. Es stehen eine deutsche und eine englische Version zur Verfügung.
https://www.lemon64.com/forum/viewtopic.php?t=68930

11.09.2018
Sechzig Jahre integrierte Schaltung:
https://blog.hnf.de/sechzig-jahre-integrierte-schaltung/

Dokumentiertes Apple-I-ROM:
https://gist.github.com/robey/1bb6a99cd19e95c81979b1828ad70612

Der tiefe Fall der Fotoriesen Kodak und Polaroid:

https://derstandard.at/2000087075847/
Kodak-und-Polaroid-Der-tiefe-Fall-der-Foto-
Riesen

Neues C64-Spiel: XXV
https://csdb.dk/release/?id=168109

12.09.2018
Hemmungslose Optimisten: 30 Jahre DDR-
Chip U61000
https://www.heise.de/newsticker/meldung/
Hemmungslose-Optimisten-30-Jahre-DDR-
Chip-U61000-4161968.html

13.09.2018
Zeitreise nicht nur in FrontPage 98, sondern
auch in die Anfänge der Internetseiten:
http://www.telecommander.com/pics/
links/application%20software/microsoft/
Frontpg98/FrontPage%2098%20Elegant%20
&%20Exquisite.htm

18.09.2018
Das Projekt C64 OS verfolgt das Ziel, ein
schnelles, zeitgemäßes Betriebssystem für den
C64 zu entwickeln.
http://c64os.com/c64os

19.09.2018
Sony kündigt die Playstation Classic an. Die
Miniaturkonsole wird mit 20 vorinstallierten
Spielen ausgeliefert und kostet 100 Euro. Sie
ist seit dem 3. Dezember 2018 erhältlich.

https://blog.us.playstation.com/2018/09/18/
introducing-playstation-classic-with-20-pre-
loaded-games/
https://derstandard.at/2000087629658/
Playstation-Classic-Sony-bringt-Retro-
Konsole-mit-20-Spielen-fuer#

22.09.2018
Der Digital Retro Park in Offenbach am Main
wird endlich zum Museum.
https://www.forum64.de/index.
php?thread/84013-der-digital-retro-park-
wird-endlich-museum-/&postID=1300800#po
st1300800

Tank Combat, ein 790 Bytes kleines C64-Spiel:
https://www.forum64.de/index.
php?thread/84004-tank-combat-/&postID=13
00643#post1300643

Scuttlebutt, die C64-Konvertierung eines
Spectrum-Spiels, in dem es um den menschli-
chen Stoffwechsel geht, steht zum Download
bereit.
https://www.lemon64.com/forum/viewtopic.
php?t=69132

Die Dan Dare Trilogy enthält alle drei Dan-Da-
re-Spiele (C64) in einem EasyFlash-Image.
https://csdb.dk/release/?id=168374

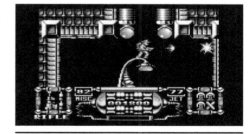

26.09.2018
Wieder wurde ein Apple 1 versteigert, diesmal
erzielt das Gerät 375.000 US-$.

https://www.cnet.com/news/rare-apple-1-sells-at-auction-for-over-500-times-original-price/

28.09.2018

Vor fünfzig Jahren wurde die Nixdorf Computer AG geboren:
https://blog.hnf.de/rechner-fuer-die-welt/

29.09.2018

Das Hull Philharmonic Orchestra kündigt ein Konzert mit Orchesterbearbeitungen von Stücken des in Kingston upon Hull geborenen SID-Komponisten Rob Hubbard an. Die Aufführung soll im Juni 2019 stattfinden.
https://www.bbc.com/news/uk-england-leeds-45677787

Turbo Rascal Syntax Error v0.04, eine 6502-Entwicklungsumgebung für Windows, macOS und Linux
https://csdb.dk/release/?id=169049

30.09.2018

Aus der Betriebssystem-Gruft: Microsoft stellt Quellcode von MS-DOS 1.25 und 2.0 auf GitHub bereit.
https://www.heise.de/newsticker/meldung/Aus-der-Betriebssystem-Gruft-Microsoft-stellt-DOS-Quellcode-auf-GitHub-bereit-4178628.html

Oktober 2018

04.10.2018

Hyperion Entertainment veröffentlichte AmigaOS 3.1.4 (für 68K-Rechner): Es soll sich um das größte Update seit AmigaOS 3.5 und 3.9 handeln und zahlreiche Probleme und Fehler beheben, die sich im Laufe der Jahre angesammelt haben. Trotz der bescheiden wirkenden Versionsnummer soll das Update ähnlich groß sein wie OS 3.9. Voraussetzung für die Installation ist ein ROM-Tausch. Aufgrund von

Rechtsstreitigkeiten wird das Update derzeit nicht vertrieben.
http://hyperion-entertainment.biz/index.php/news/1-latest-news/189-amigaos-314-for-68k-released
http://amiga-news.de/de/news/AN-2018-11-00020-DE.html?

Ein Loblied auf die Grafikeigenschaften des Sinclair ZX Spectrum:
https://paleotronic.com/2018/09/29/loading-ready-run-sinclair-edition-the-zx-spectrum/

11.10.2018

Verschnupft und motzend im All – die bizarre Mission Apollo 7 vor 50 Jahren:
https://www.heise.de/newsticker/meldung/Vor-50-Jahren-Verschnupft-und-motzend-im-All-die-bizarre-Mission-Apollo-7-4188386.html

Internet Archive bietet Tausende spielbare C64-Games (C64-Sammlung auf archive.org)
https://www.golem.de/news/klassiker-internet-archive-bietet-tausende-spielbare-c64-games-1810-137068.html

07.10.2018

Knight Lore, ein isometrisches Abenteuerspiel aus dem Jahr 1984 und mehrfach ausgezeich-

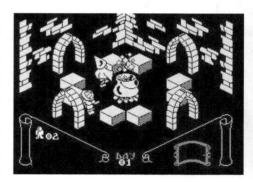

neter britischer Spieleklassiker, hat endlich auf den C64 gefunden.
https://csdb.dk/release/?id=169589

12.10.2018
Das C64-Spiel Tower of Rubble 64 des Programmierers Tomasz Ankudowicz erscheint auf dem polnischen Magazin „Komoda & Amiga plus #10".
https://csdb.dk/release/?id=169925

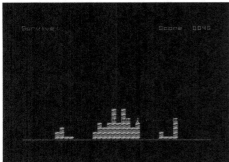

13.10.2018
NeXT – der goldene Flop von Steve Jobs:
https://blog.hnf.de/next-der-goldene-flop/

16.10.2018
Paul Allen, Mitbegründer von Microsoft und Milliardär, stirbt im Alter von 65 Jahren.

http://www.bbc.co.uk/news/world-us-canada-45871379

Mit dem Mega Sg soll fast jedes Sega-Spiel der 90er spielbar sein.
https://www.cnet.com/news/analogues-mega-sg-will-play-almost-every-classic-1990s-sega-game/

Ein ehemaliger Mitarbeiter des vor dem Ende stehenden Spielherstellers Telltale Games veröffentlicht zuhauf unveröffentlichtes Material:
https://derstandard.at/2000089438684/Ex-Telltale-Mitarbeiter-veroeffentlicht-zuhauf-unveroeffentlichtes-Material

Am 22. Oktober 1938 wurde die erste Farbkopie der Welt angefertigt.
https://derstandard.at/2000089350316/Der-Fotokopierer-wird-80#

Electronic Arts arbeitet an einem PC-Remaster des Echtzeitstrategiespiels Command & Conquer.
https://derstandard.at/2000089196128/Command-Conquer-EA-arbeitet-an-PC-Remasters-der-Echtzeitstrategie-Serie#

Was geschah mit dem Berliner Hacker Tron?
https://blog.hnf.de/was-geschah-mit-tron/

18.10.2018
Ein Wiener Apple-Sammler will über 1.100 alte Macs verkaufen:
https://derstandard.at/2000089620270/Wiener-Apple-Sammler-verkauft-1-100-alte-Macs

---

Das Vintage Computing Festival Berlin (VCFB) beschäftigte sich dieses Jahr mit der fünfzigjährigen Geschichte der GUI.
https://www.heise.de/newsticker/meldung/VCFB-zu-50-Jahre-GUI-Historische-

grafische-Benutzeroberflaechen-ganz-
lebendig-4194646.html

23.10.2018
Eine Branche stirbt: In Deutschland gibt es nur
noch 600 Videotheken.
https://www.heise.de/newsticker/meldung/
Branche-stirbt-weiter-Videotheken-
schliessen-reihenweise-4198940.html

Skurriles 2D-Konsolenprojekt Intellivision
Amico vorgestellt:
https://www.golem.de/news/retrogaming-
skurriles-konsolenprojekt-intellivision-amico-
vorgestellt-1810-137265.html

Slack auf einer SNES-Konsole:
https://bert.org/2018/10/18/slack-on-a-snes/

Hochauflösende Grafik auf einem TRS-80 Mo-
del 4 aus dem Jahr 1983:
http://www.bytecellar.com/2018/10/17/
enjoying-high-res-graphics-on-a-text-only-trs-
80-model-4-from-1983/

24.10.2018
Der 16-jährige Joseph Saelee entthront über-
raschend den siebenfachen Tetris-Weltmeister
Jonas Neubauer.
https://derstandard.at/2000089983697/
Tetris-Bester-Spieler-bei-Weltmeisterschaft-
ueberraschend-von-16-Jaehrigem-entthront

25.10.2018
Nadeldrucker, eine überholte Technik?
https://www.golem.de/news/
computergeschichte-nadeldrucker-eine-
ueberholte-technik-1810-137091.html

IBM erkundet die Schnittstelle von Künstli-
cher Intelligenz, Ethik und Pac-Man.
https://www.fastcompany.com/90255740/
ibm-explores-the-intersection-of-ai-ethics-
and-pac-man

26.10.2018
Zum 30. Geburtstag von Zak McKracken and
the Alien Mindbenders gibt es die Titelmusik
in einer tanzbaren Flamenco-Version.
https://www.youtube.com/watch?v=Khgd1e-
sC0A

Das c't-Retroquiz: 8 Bit & mehr
https://www.heise.de/newsticker/
meldung/TGIQF-das-c-t-Retroquiz-8-Bit-
mehr-4202717.html

28.10.2018
Ein Monkey-Island-Kartendeck für das Brett-
spiel Libertalia:
https://www.reddit.com/r/boardgames/
comments/9rc4mf/custom_curse_of_
monkey_island_libertalia_deck/
https://imgur.com/a/ePK07q0

Game Over Soundbank für Zampler VST Workstation

Feinste Sounds der Brotbox

Wenn es einen unbestrittenen Klassiker in Sachen Computersound gibt, dann ist das zu 100% der C64. Selbst über 30 Jahre nach seiner Geburt wird er noch geklont und der Sound seines SID Chips ist immer wieder zu hören. Also dachten sich die Macher des Beat Magazins und der VST Workstation Zampler//RX, ist es doch selbstverständlich, dem eine Soundbank zu spendieren, die sowohl die ungeschliffenen Sounds des Originals enthält, als auch ordentlich aufgebohrte Varianten, die in zeitgemäßen Tracks perfekt sitzen. Als Bonus gibt es Klänge einiger unvergessener Spieleklassiker.

Sample-Workstation für VST & AU

Zampler//RX ist ein kostenloses Plug-in für die Schnittstellen VST und AU und begeistert mit einer durchdachten Ausstattung. Neben REX-Loop- und SFZ-fähigen Sample-Oszillatoren bietet der Zampler//RX eine flexible Klang-

formung: Im integrierten Multimode-Filter stehen die Typen Tief-, Hoch-, Bandpass und Bandsperre sowie verschiedene Kombinationen daraus zur Auswahl. Und drei LFOs, drei ADSR-Hüllkurven sowie eine komplexe Modulations-Matrix bringen Leben in die Sounds.

Dank des Step-Sequenzers sind besonders komplexe, volle und lebendige Klänge eine Spezialität des Zamplers. Schließlich werkeln unter der Haube die bekannt wertigen Algorithmen des Dune-Erfinders Synapse-Audio. Abgerundet wird der Funktionsumfang durch eine umfangreiche Effektsektion, in der Röhren-Sättigung, zwei Equalizer, Phaser, Chorus, Delay und Hall jeden Klang veredeln. ∎

Infos
www.zampler.de
(Zampler//RX und einige Soundbanken kostenlos verfügbar)
www.zamplersounds.com
Game-Over-Soundbank und viele weitere

Leisure Suit Larry

Autor: Marleen

Larry Laffer kann bei den schönen Frauen einfach nicht landen! Der Held der satirisch-erotischen Serie stolpert durch diverse Abenteuer, später auch Casino-Simulationen. In den Jahren 2004 und 2009 übernahm sein Neffe, Larry Loveage, im Rahmen mehrerer Geschicklichkeitsspiele. 2013 wurde mit Leisure Suit Larry: Reloaded aber wieder ein klassisches Adventure veröffentlicht, und noch dieses Jahr (2018) werden wir mit Leisure Suit Larry: Wet Dreams Don't Dry ein weiteres Abenteuer erleben können!

The Missing Floppies: Schöpfer Al Lowe hatte nicht geplant, die Reihe über Teil 3 hinaus fortzusetzen, und gestaltete das Ende von Teil 3 entsprechend. Als dann doch ein weiteres Spiel entwickelt wurde, stieg man deswegen gleich auf Teil 5 um. Larry leidet im fünften Teil an Gedächtnisschwund und hat alles, was im (imaginären) vierten Teil passiert ist, vergessen. Al Lowe bezeichnete den vierten Teil spaßeshalber als Leisure Suit Larry – The Missing Floppies.

Welt-Premiere: Leisure Suit Larry war eines der ersten Spiele mit Boss-Taste. Durch Drücken der Boss-Taste wurde anstelle des Spiels ein Screenshot einer Tabellenkalkulation angezeigt.

Millionenschaden: Die Boss-Taste half aber auch nicht, als 1989 Angestellte einer englischen Bank die Larry-Spiele auf ihren Terminals installierten. Denn dabei schlich sich ein Computervirus ein, der in verschiedenen Banken und Devisenfirmen mehrere Millionen Pfund Schaden anrichtete!

Mission: Immer auf der Suche nach der großen Liebe
Erster Auftritt: Leisure Suit Larry in the Land of the Lounge Lizards (1987)
Genres: Adventure (7x), Simulationsspiel (2x), Geschick (3x), Open World (1x)
Plattformen: Amiga, Apple II/II GS, Atari ST, MS-DOS, TRS-80, Windows, Mac OS, PlayStation 2, PlayStation 3, Xbox, Xbox 360, Mobiltelefon

Internet: http://www.lotek64.com
Twitter: http://twitter.com/Lotek64
Facebook: http://www.facebook.com/pages/Lotek64/164684576877985